Nessa Buonomo

LA MARIÉE AUX PIEDS NUS

PARTAGER . S'INSPIRER . SE MARIER

UN MARIAGE *qui vous ressemble*

Organiser • Créer • S'inspirer

EYROLLES

TABLE *des matières*

© Lifestories by Yann Audic

INTRODUCTION

Alors que je préparais notre mariage, et parce qu'aucun(e)s de mes ami(e)s ne s'était encore marié avant nous dans notre entourage, j'ai cherché les réponses à mes questions sur la Toile. Pour me rendre compte que décidément non, il n'y avait alors pas tout à fait ce que je cherchais. C'est ainsi qu'est né mon blog, La mariée aux pieds nus. De l'envie de partager mes idées, mes inspirations, mes belles adresses et des conseils avec d'autres futur(e)s marié(e)s qui, comme moi, souhaitaient vivre un mariage simple, authentique et inspiré par la nature.

Au fil des ans et des articles, La mariée aux pieds nus est devenu l'endroit que j'avais imaginé. Un blog qui rassemble des centaines de témoignages de mariés, d'amoureux qui ont adorablement accepté de partager leur parcours, leur journée, leurs doutes et leurs meilleures adresses avec les lecteurs.

Ce livre, je l'ai conçu de la même façon. Avec la volonté de regrouper pour vous toutes les astuces et les conseils pour vous accompagner durant les préparatifs de votre journée, pour que durant chaque étape, vous profitiez du meilleur de chaque moment.

Pour vous aider à vivre un mariage qui vous ressemble, vraiment.

LE MARIAGE
CÔTÉ ORGANISATION

La demande est faite, la décision prise, vous allez vous marier !
Il va maintenant falloir vous pencher sur l'organisation du grand jour.
Commencez par dresser une liste rapide d'invités comprenant ceux avec qui vous souhaitez absolument partager cette journée. Pour l'instant, elle n'est bien évidemment pas exhaustive ; elle risque même d'être modifiée dans les derniers jours précédant le mariage. Ensuite, question qui fâche, établissez le budget. En effet, inutile de commencer à chercher salle et traiteur si vous n'avez pas la moindre idée de la somme que vous voulez leur consacrer !

LE RÉTROPLANNING *du mariage*

J -12/18 MOIS

Trouvez votre salle de réception. Château, moulin, appartement, gîte, etc., les possibilités sont multiples et il faut parfois s'y prendre vraiment en avance.
Si vous avez décidé de célébrer religieusement votre union, vérifiez que les disponibilités du lieu de culte sont compatibles avec celles de la salle.
En été, c'est souvent le choix de la salle qui déterminera la date de votre union ; pour un mariage hors saison, les possibilités sont plus étendues.

J -12 MOIS

Dans le cas d'une cérémonie religieuse, prenez contact avec l'autorité qui vous unira, et commencez la préparation au mariage.
Joignez les services administratifs de la mairie pour savoir quand vous pourrez réserver la date du mariage. Tout dépend des communes, certaines ouvrent leur planning un an jour pour jour avant le mariage, d'autres seulement trois mois avant.
Commencez à chercher un traiteur si cette prestation n'est pas incluse dans la location de la salle.
C'est aussi le moment de rêver (si ce n'est pas déjà le cas !) à votre robe – inutile néanmoins de la réserver trop tôt. Réalisée par un créateur, la confection sera plus longue que si vous l'achetez dans une grande enseigne. Notez que les nouvelles collections de robes de mariée sont en général dévoilées à la fin de l'été, et souvent disponibles en boutique ou au showroom à la rentrée.
Parce que les images sont parmi les seules choses qui perdurent après cette journée, le photographe est un prestataire essentiel à votre mariage. Choisissez-le avec soin. Vu que les bons photographes sont bien évidemment très prisés, ne tardez pas à trouver le vôtre.
Même s'il est encore temps de changer d'avis, décidez d'une ligne directrice pour l'ambiance de votre mariage.

J -6 MOIS

Les choses s'accélèrent !
Choisissez vos témoins. Ce sont eux qui vous aideront et vous soutiendront dans l'organisation de votre journée, et qui vous prépareront sûrement d'inoubliables enterrements de vie de jeune fille et de vie de garçon.
Réfléchissez également à votre voyage de noces et pourquoi pas à votre liste de mariage.
Dans le cas d'une cérémonie laïque, établissez doucement son déroulement, avec l'aide de votre officiant.
À ce stade des préparatifs, votre robe de mariée

© Pinewood Weddings

est normalement trouvée. Il est donc temps de s'intéresser à la tenue de monsieur.

Réfléchissez également aux faire-part, qui donneront le ton de votre journée.

Même s'il vous reste encore un peu de temps pour affiner vos envies, renseignez-vous pour trouver le fleuriste parfait. Si vous avez déjà une adresse en tête, autant la réserver dès à présent, surtout s'il s'agit d'un professionnel très prisé !

J -5 MOIS

C'est le moment de choisir le DJ de votre soirée.

En fonction du menu que vous avez établi avec votre traiteur, décidez dès maintenant des vins qui accompagneront le cocktail et le repas.

Réservez votre coiffeur et votre maquilleur.

Si votre lieu de réception ne propose pas de logement sur place, n'hésitez pas à réserver un bel endroit pour passer votre première nuit en tant que couple marié.

Si vous concluez un contrat de mariage, c'est aussi le moment de vous en occuper.

Penchez-vous également sur votre liste de mariage.

J -3 MOIS

Déposez le dossier complet à la mairie.

Envoyez les faire-part.

Choisissez les alliances.

Réservez les hôtels pour les invités et si besoin le baby-sitter.

Créez un site Internet dédié à votre mariage avec toutes les petites informations utiles qui simplifieront la vie des invités.

Occupez-vous de la décoration.

Finalisez le menu avec le traiteur. Et verrouillez avec lui le choix du mobilier et de la vaisselle en fonction de l'ambiance de votre soirée.

J -2 MOIS

C'est généralement à cette période qu'ont lieu les essayages après retouches de la robe de mariée. Choisissez également vos accessoires, chaussures et lingerie.

Procédez aux premiers essais de coiffure et de maquillage.

Pensez à remercier au fur et à mesure les personnes qui ont participé à votre liste de mariage.

Sélectionnez votre fleuriste.

Réfléchissez aux cadeaux d'invités.

Finalisez tranquillement le déroulement de la cérémonie religieuse et établissez vos vœux de mariage, notamment si vous avez opté pour une cérémonie laïque.

Mettez au point les moments musicaux cruciaux de votre soirée, comme la musique sur laquelle vous allez entrer dans l'église, la mairie…

À quelques semaines de votre mariage, vos ami(e)s auront sûrement prévu d'organiser des enterrements de vie de jeune fille et de vie de garçon. N'hésitez pas à leur faire part de vos envies !

J -1 MOIS

Occupez-vous maintenant des détails : portez vos chaussures de temps en temps pour vous y habituer, terminez les achats déco, réalisez les derniers ateliers bricolage…

Effectuez les ultimes essayages pour la robe et le costume.

Les derniers rendez-vous pour l'organisation de la cérémonie ont lieu : rencontre de l'organiste ou de la chorale, de la personne qui s'occupe de fleurir l'église, etc.

Relancez les invités qui n'ont pas répondu et commencez à rédiger un plan de table provisoire.

J -10 JOURS

Robe et costume sont désormais prêts.

Vérifiez la liste des invités, qui a sûrement évolué depuis sa première version, et finalisez le plan de table.

Validez le déroulement de la journée et l'ensemble des informations techniques avec tous les prestataires (traiteur, photographe, coiffeur, fleuriste…).

Appelez l'officiant pour revoir le détail de la cérémonie.

J -1 JOUR

Mettez en place la décoration de la salle, ou déposez-la chez le traiteur qui s'en chargera.

Détendez-vous ! Par exemple, réservez un massage, un dîner en tête à tête, etc., pour évacuer le stress…

LE JOUR J

Dès que les préparatifs auront commencé, laissez-vous porter et profitez !

Vous trouverez page 158 un exemple de planning pour le jour J afin que rien ne soit laissé au hasard.

© Lifestories by Yann Audic

LES DÉMARCHES *administratives*

QUI PEUT SE MARIER ?

Pour avoir le droit de se marier, il faut être majeur. Exceptionnellement, une dispense d'âge peut être accordée par le procureur de la République pour des motifs graves.

Vous ne devez pas être déjà marié, que ce soit au regard de la loi française ou d'une loi étrangère.

En revanche, il est possible d'être déjà engagé par un Pacs, conclu ou non avec le futur époux, le mariage dissolvant automatiquement le Pacs.

OÙ PEUT-ON SE MARIER ?

Dans quelle région avez-vous décidé de vous marier ? Est-ce là où vous résidez ? Vous ne pouvez vous unir civilement que dans votre mairie de résidence ou, sur dérogation, dans la mairie d'une commune où un de vos proches (généralement un de vos parents) habite.

Si vous avez prévu un mariage catholique hors de votre paroisse, renseignez-vous, car certaines refusent les mariages de couples extérieurs qui optent pour une église pour des raisons plus géographiques que spirituelles.

Check-list des pièces à fournir pour le dossier

Le dossier doit être déposé à la mairie de la commune où aura lieu la cérémonie.

Chacun des futurs époux doit transmettre les pièces suivantes :

- *l'original et une photocopie de sa pièce d'identité ;*
- *un justificatif de domicile ou de résidence ;*
- *des informations sur les témoins (nom, prénom, date et lieu de naissance, profession et domicile, copie du titre d'identité) ;*
- *une copie intégrale d'acte de naissance de moins de trois mois si le service qui le délivre est français (de moins de six mois s'il est étranger).*

Si l'un de vous est étranger, il doit fournir des documents spécifiques à sa nationalité – dans ce cas, renseignez-vous auprès de la mairie ou du consulat.

Si un contrat de mariage est conclu, il est nécessaire de transmettre le certificat de notaire.

Si vous avez eu des enfants avant le mariage, vous devez présenter à la mairie leur acte de naissance (de moins de trois mois) et le livret de famille.

Dans certaines situations familiales particulières (par exemple, veuvage ou divorce), des pièces complémentaires peuvent être demandées.

LA PUBLICATION DES BANS

L'annonce officielle d'un mariage est réalisée par la publication d'avis appelés « bans ». Ils contiennent les prénom(s), nom, profession, domicile ou résidence des futurs époux, ainsi que le lieu où le mariage doit être célébré.

Ils sont affichés à la porte de la mairie du mariage, ainsi qu'à celle du domicile des mairies où l'un ou l'autre des époux a son domicile, pendant dix jours. Le mariage pourra être célébré au plus tôt après le dixième jour révolu de la publication des bans.

LE CHOIX DES TÉMOINS

Les témoins d'un mariage sont choisis ensemble par les futurs époux. Ils doivent être âgés d'au moins 18 ans (ou émancipés). Aucune autre condition n'est requise. Il peut s'agir de membres de la famille ou non, et il n'est pas fait de distinction entre les sexes.

Vous devez déclarer vos témoins lors de l'accomplissement des formalités préalables au mariage. Mais vous avez la possibilité de modifier votre choix jusqu'à la célébration officielle.

Le nombre de témoins est au minimum d'un et au maximum de deux pour chaque futur époux.

Pour en savoir plus, rendez-vous sur le site www.service-public.fr.

Bon à savoir

Sauf opposition du procureur de la République, le maire peut célébrer le mariage au sein de tout bâtiment communal (par exemple, une salle des fêtes) à condition qu'il soit situé sur le territoire de la commune.

COMBIEN COÛTE *un mariage ?*

Généralement, on n'organise un mariage qu'une fois dans sa vie ! Lorsqu'on se lance, il n'est donc pas forcément évident de connaître le prix des différentes prestations proposées avant de recevoir les premiers devis, ni d'avoir une idée du budget qu'une telle journée peut représenter.

Pour commencer, j'aimerais souligner que se marier au sens strict du terme ne coûte rien. Mais évidemment, si vous lisez ce livre, c'est certainement que vous avez envie d'organiser pour l'occasion une jolie fête de famille, de porter de belles tenues et de garder de précieux souvenirs de ce moment ! Afin de vous donner des pistes et une idée de la somme à attribuer à chaque prestation, voici un petit tour d'horizon des tarifs pratiqués pour concevoir votre budget mariage.

Il est bien évidemment tout à fait possible de vivre une journée magnifique même avec un petit budget. Peu importe la somme que vous engagerez, tant que vous êtes à l'aise avec celle-ci, qu'elle correspond à vos envies, à votre vie et à ce que vous souhaitez consacrer à ce moment, qui pourrait vous en blâmer ?

LE BUDGET D'UN MARIAGE EN QUELQUES CHIFFRES

Évidemment, le budget que chacun alloue à son mariage dépend de nombreux éléments. Le niveau de revenus des futurs mariés, la région, la saison, l'âge auquel vous vous mariez, etc., sont autant de facteurs qui influent sur la somme dépensée en moyenne pour un mariage. Sachez qu'il n'y a pas de bon ou de mauvais budget. Il y a simplement un budget, et libre à chacun d'y consacrer le montant qu'il souhaite.

Pour avoir un ordre d'idée, sachez qu'en 2016, les Français ont dépensé en moyenne 8 820 euros pour un mariage comptant 67 convives ; 7 300 euros ont été dépensés pour 60 invités dans les foyers gagnant moins de 2 000 euros de revenus mensuels, et 10 300 euros pour 74 convives dans les foyers de plus de 3 500 euros de revenus mensuels. Les sondages de la même année observent également un budget moyen d'un peu moins de 16 400 euros pour les mariages comptant environ 150 invités.

COMMENT FIXER LE BUDGET DE SON MARIAGE ?

C'est la première étape dans la préparation de votre mariage. Prenez le temps de définir de façon claire et objective l'enveloppe que vous souhaitez/pouvez allouer à votre mariage en fonction de vos revenus, de vos dépenses, de vos économies, etc. Soyez honnête et réaliste : encore une fois, il n'y a pas de bonne ou de mauvaise somme, simplement un budget à mettre en relation avec vos envies, et la nécessité, peut-être, de faire certains compromis.

QUI PAIE QUOI ?

Cela dépend des histoires et des familles. Assumerez-vous seuls les dépenses liées à cette journée ? Ou bien vos parents souhaitent-ils vous aider et en financer une partie ?

Là encore, ne laissez pas planer le doute et demandez clairement - même si ce n'est pas évident - sur quelle somme vos parents souhaitent s'engager. Dans le cas où les deux familles financent une partie de la noce, veillez à ce que l'engagement des uns ne mette pas mal à l'aise les autres.

Il est difficile de vouloir partager en deux les frais si une famille invite 80 % des convives. La solution la plus équitable semble alors le règlement au prorata du nombre d'invités.

Évidemment, en acceptant une participation financière de vos parents, attendez-vous à devoir tenir compte de leurs remarques, au moins en partie, et à les remercier de leur geste.

COMBIEN COÛTE UN TRAITEUR ?

Généralement, le traiteur est le poste de dépenses le plus important d'un mariage. Alors faites vos comptes avant d'en réserver un ! Tout dépend bien évidemment du menu proposé, des options ajoutées, du personnel mis à disposition, du nombre d'invités, de la notoriété du professionnel, du style de dîner choisi, de la location de vaisselle et de mobilier, des animations particulières (bar à huîtres, char à glaces, stand de hot-dogs...), des boissons... De manière générale, prévoyez entre 55 et 190 euros par personne. Un food truck, par exemple, vous permettra d'organiser un dîner moins conventionnel pour un plus petit budget. Mais n'espérez pas nourrir 150 invités avec un seul camion !

Pour un dîner assis, comptez entre 70 et 150 euros par personne, hors alcool.

Je vous conseille de diviser le budget global par le nombre de convives afin de vous donner une petite idée du tarif par personne. Mettez ensuite en parallèle le résultat avec vos envies pour voir si les deux correspondent.

Pourquoi un mariage est-il si cher ?

Lorsqu'on ajoute tous les postes de dépenses d'un mariage, les sommes semblent souvent élevées. Mais à la remarque « Les prix gonflent parce que c'est un mariage. », je répondrai que rares sont les occasions où on convie une centaine de personnes pour une journée. Alors, pour ce jour de fête réunissant autant de monde, il est difficile de proposer, par exemple, le même repas qu'un menu du jour au restaurant. Les produits, les quantités, le service, le temps engagés sont complètement différents.

Ayez également en tête que la somme versée pour une prestation, comme la venue d'un photographe ou d'un vidéaste, ne représente pas seulement les heures passées à vos côtés le jour J, mais il comprend également tout le temps de préparation, la présence le jour même, le post-traitement, le packaging, etc.

COMBIEN COÛTE UNE ROBE DE MARIÉE ?

Avant de prendre rendez-vous et de commencer vos essayages, définissez clairement votre budget.

Que ce soit vous qui preniez en charge l'achat de votre robe ou un cadeau de vos parents, il est essentiel d'établir le budget maximal consacré à cet achat afin d'éviter malentendu et déception. Il serait dommage d'être tentée par une robe bien au-dessus de vos moyens et de devoir par dépit en choisir une qui vous plairait moins.

Il existe de très belles robes pour tous les budgets, alors vous trouverez à coup sûr celle qui est faite pour vous !

Il est aujourd'hui possible de trouver parmi les collections « capsule mariage » lancées par les marques de prêt-à-porter des robes à moins de 500 euros, voire à 200 euros.

Le prix d'une robe de mariée achetée en prêt-à-porter dans une enseigne de mariage varie de 1 200 à 2 400 euros.

Une robe créée sur mesure vous coûtera entre 2 800 et 6 000 euros.

Les bonnes questions à se poser

Voici quelques pistes d'interrogations pour faire votre choix sereinement. Quel est votre budget global ? Quel est celui que pouvez-vous allouer au traiteur ? Combien avez-vous d'invités ? Quel type de prestation envisagez-vous pour le cocktail et le dîner ?

COMBIEN COÛTE UN LIEU DE RÉCEPTION ?

Là encore, cela est fonction de ce que vous choisissez et aussi de votre enveloppe de départ. Inutile de commencer à rêver d'un mas provençal plein de charme et privatisable pour 15 000 euros, si votre budget total est de 3 500 euros.

Vous ne dépenserez rien si vous décidez de vous unir dans une maison familiale en petit comité. Une salle communale vous coûtera quelques centaines d'euros, un manoir en Normandie autour de 3 000 euros et un mas en Provence 8 000 euros voire plus.

N'oubliez pas que les mois d'été constituent la haute saison des mariages ; de ce fait, la plupart des lieux appliquent durant cette période des tarifs de location plus élevés qu'en plein hiver. Pour faire quelques économies, préférez l'automne, l'hiver ou le début du printemps pour vous unir.

COMBIEN COÛTE UN PHOTOGRAPHE DE MARIAGE ?

C'est à mon sens un domaine à ne pas négliger, parce que les images sont une des seules traces matérielles que vous garderez de votre journée. Mais là encore, tout est une affaire de priorité.

Avant tout, fixez le montant que vous pourrez allouer à l'image en fonction de votre budget global et de vos priorités. L'idée n'est pas de vous demander quelle enveloppe vous devez impérativement accorder à ce poste – cela n'appartient qu'à vous – mais de la définir et de contacter les photographes qui présentent les prestations correspondantes. Vous éviterez ainsi déceptions et déconvenues.

Comptez en moyenne entre 1 800 et 4 500 euros pour la prestation d'un photographe professionnel. Cette estimation varie évidemment en fonction des différentes options proposées, de la durée du reportage (le photographe est-il présent seulement jusqu'au cocktail ou pour la soirée également ?), du nombre d'images qui peuvent être rendues, de la réalisation d'un album, de tirages éventuels, de sa notoriété... La technique employée peut également faire pencher la balance budgétaire. Ainsi, les prestations des photographes travaillant en argentique sont souvent plus onéreuses en raison du matériel utilisé.

Et pourquoi ne pas prévoir un budget vidéo pour véritablement revivre toute l'émotion de cette journée ?

Mon conseil

À moins qu'il ne s'agisse d'un aspect secondaire pour vous, évitez de confier cette mission à votre frère/cousin/ami doué en photographie. Parce qu'il est invité, il aura lui aussi envie de profiter de la fête plutôt que de passer 12 heures à photographier votre mariage.

COMBIEN COÛTE UN WEDDING PLANNER ?

Le métier de wedding planner est en pleine expansion et nombreux sont les couples qui décident de faire appel à son service pour déléguer une partie de l'organisation de leur mariage. Prévoyez environ 150 euros pour quelques heures de coaching, entre 1 000 et 2 000 euros pour la coordination de votre journée, et de 4 500 à 10 000 euros pour l'organisation complète de votre mariage.

COMBIEN COÛTE LA DÉCORATION ?

Comme souvent quand il est question de mariage, donner une somme exacte est compliqué. Tout dépend du lieu choisi, de vos envies, de l'ambiance souhaitée, du choix de faire appel à un décorateur...

Pour vous faire une idée, un cadeau d'invité coûte entre 1 et 5 euros en moyenne.

Côté fleurs, comptez entre 50 et 90 euros pour un centre de table, de 90 à 200 euros pour un bouquet de mariée, environ 8 euros pour une boutonnière, autour de 15 euros pour un bout de banc, ou une trentaine d'euros pour un bouquet de demoiselle d'honneur. Bien évidemment, en fonction du style, du volume de fleurs, du travail engagé, de la saison, etc., les prix varieront considérablement.

Un wedding designer ou décorateur, chargé de mettre en scène l'ambiance de votre mariage, facture en moyenne entre 800 et 5 000 euros ses prestations en fonction des formules choisies, hors matériel et mobilier.

Côté mobilier justement, prévoyez entre 3 et 6 euros par personne pour la location de la vaisselle. Il faudra peut-être y ajouter des chaises, des tables ou des décors, dont le prix varie de 300 à plusieurs milliers d'euros.

COMBIEN COÛTE UN DJ ?

Les prix varieront énormément selon le professionnel engagé, le matériel qu'il met à votre disposition, son expérience, le temps qu'il passe à vos côtés (pour sonoriser la cérémonie, le cocktail et/ou la soirée)... Il peut également prévoir des micros, gérer les animations de vos témoins, etc. Visez entre 850 et 2 500 euros pour une prestation globale de qualité.

Mes conseils

N'engagez pour votre mariage que des professionnels déclarés, disposant des autorisations, assurances et références vous garantissant un certain professionnalisme. Vous mettez tellement de cœur et d'argent dans cette journée qu'il serait dommage d'essuyer une déception le jour J pour une prestation qui n'aurait pas été assurée selon vos désirs.

Il est tout à fait compréhensible de ne pas souhaiter accorder un gros budget à chacun des postes. N'oubliez pas que vous avez le droit de ne pas avoir envie d'un repas gastronomique ni d'un château, et cela ne rendra pas votre journée moins magique ! Écoutez-vous et ne subissez pas la pression de toutes les jolies choses que vous voyez défiler sur Internet. L'essentiel, c'est vous et l'engagement que vous êtes sur le point de prendre. À cela, une robe de créateur ou un bouquet de pivoines ne changeront absolument rien !

Faites attention aux dépenses annexes et aux coûts cachés qui font souvent grimper la note. Certains lieux de réception, par exemple, facturent en plus le chauffage, l'électricité, le gardien...

Quel que soit votre budget, prenez soin de bien suivre toutes les dépenses engagées pendant vos préparatifs à l'aide d'un tableau de suivi.

DES IDÉES POUR RÉDUIRE VOTRE BUDGET

Lorsqu'on décide de sauter le pas et de se marier, la question du budget arrive très vite sur le tapis. Souvent, les amoureux abordent le problème dans le mauvais sens en s'interrogeant sur la somme à prévoir pour célébrer leurs noces. À mon sens, cette discussion autour du budget devrait commencer par cette question : « Quelle somme pouvons-nous allouer à cette journée sans être contraints de souscrire un prêt ou de nous nourrir de pâtes pendant les sept années à venir ? »

Il vous suffira ensuite de faire la balance entre vos envies et ce budget pour estimer ce qui est réalisable.

En attendant, voici une liste énonçant quelques idées pour réduire le budget de votre mariage.

LIMITEZ LE NOMBRE D'INVITÉS

Le meilleur moyen de baisser la note est de réduire la liste des convives. Tout simplement ! En effet, organiser un mariage pour 150 ou pour 20 invités change considérablement la donne.

Cette solution permet également de coller un peu plus à ses envies. Pour mieux comprendre, je vous propose de vous parler de mon propre mariage. Au départ, nous avons défini un budget et mis en parallèle nos envies (un très bon dîner, un lieu avec du cachet...) et la liste de nos convives.

Premier calcul : 300 personnes dans le lieu qui se rapprochait le plus de nos souhaits, et notre budget quadruplait. Impossible...

Deuxième calcul : nous aurions pu accueillir 300 personnes dans une salle communale sans charme et servir un dîner tout simple. Possible, mais pas optimal.

Troisième et dernier calcul : nous avons donc réduit la liste d'invités et pu célébrer notre mariage en compagnie de 48 de nos plus proches dans une très belle salle parisienne autour d'un excellent repas pour le budget que nous nous étions fixé.

La question n'est pas de peser le pour et le contre de la salle communale ou d'un dîner gastronomique, mais d'identifier ce qui est important à vos yeux. Pour nous, à ce moment-là, le dîner et nos envies l'emportaient sur le fait d'inviter la moitié du village (dont 95 % de gens que nous ne connaissions pas...).

Quelques raisons de se marier à deux ou en petit comité

Un moment en toute intimité

Se marier, c'est être le centre de l'attention pendant une journée. Si vous êtes timide, vous n'avez peut-être pas envie de prononcer vos vœux devant une centaine d'invités. Vous marier à deux ou en petit comité peut être la solution idéale si vous exposer aux yeux de tous vous terrifie.

Par ailleurs, ce sera aussi l'occasion d'être encore plus personnel lors de votre échange de vœux, sans vous soucier du regard des gens présents.

Se marier comme bon vous semble

Organiser un mariage en comité restreint, avec peu d'invités, permet de l'organiser quand on le souhaite, même un jour de semaine, en bénéficiant éventuellement de tarifs particuliers. On en revient toujours au budget...

Un mariage au bord d'une falaise, à la montagne, sur une plage déserte ? C'est le moment de laisser libre cours à votre imagination ! En choisissant de vous unir en petit comité, vous pouvez vous marier à peu près partout !

Gagner du temps

Organiser un mariage demande du temps. Si vous menez des vies à cent à l'heure ou que vous n'avez simplement pas envie d'y consacrer toutes vos soirées, planifier un « elopement » (comme une fugue en amoureux) ou un mariage en petit comité vous évitera certainement d'y passer trop de temps !

S'entourer des gens les plus proches

C'est le meilleur moyen de ne réunir que les gens qui vous sont chers sans rendre d'invitations de politesse. Vous pourrez ainsi consacrer, lors de cette journée qui passe trop vite, plus de temps à vos invités.

En profiter pour voyager ?

Le principe même de l'elopement est de partir à deux pour une destination exotique, originale, lointaine ou pleine de sens, afin de prononcer ses vœux seuls au monde ou presque, en ayant pour seul témoin un officiant ou un photographe par exemple.

Dans ce cas, nul besoin de prévoir votre union des mois en avance, une fois votre mariage civil programmé à la mairie, il vous suffit, ou presque, de boucler vos valises et de partir à l'aventure !

Ne penser qu'à l'essentiel

Ce type de mariage, c'est aussi l'occasion de se concentrer sur l'essentiel sans se laisser distraire par tous les détails de l'organisation qui peuvent parasiter les préparatifs. Souvenez-vous, l'essentiel, c'est vous !

SOYEZ CLAIR DÈS LE DÉPART

Avant toute réservation concernant votre mariage, vous devez être sûr de toutes vos envies et, s'ils sont impliqués dans les préparatifs, de celles de vos parents. Cela vous évitera d'annuler des réservations et de perdre éventuellement certains acomptes.

Rien n'est obligatoire !

Oubliez la phrase : « Ça ne fait pas mariage. » Si vous avez un budget à respecter et très envie d'une tarte à la rhubarbe en dessert, allez-y ! Vous n'êtes pas obligé de vous plier à la sacro-sainte pièce montée si ce n'est pas ce que vous désirez.

CIBLEZ BIEN VOTRE LIEU DE RÉCEPTION

Choisir un lieu de réception plein de charme vous évitera de dépenser de grosses sommes pour la décoration. Rien de plus onéreux qu'un décor cache-misère.

MARIEZ-VOUS EN DÉCALÉ

Un mariage hors saison, en hiver par exemple, ou en semaine peut être la solution pour épargner une partie de votre budget.

PRENEZ VOTRE TEMPS ET POSEZ-VOUS LES BONNES QUESTIONS

Les modes passent et les envies changent. Évitez de vous lancer dans des achats de décoration trop tôt. Ce serait dommage de vous rendre compte à trois semaines du mariage que décidément, ces soixante-dix photophores à papillons n'étaient vraiment pas une bonne idée...

Demandez-vous si vous avez vraiment besoin de cette Jaguar type E couleur menthe ? Si la réponse est non, peut-être pouvez-vous vous concentrer sur d'autres prestations et envisager la location d'une belle voiture pour votre arrivée une fois le reste des factures payées ?

CÔTÉ FLEURS...

Pour réduire le budget prévu pour les fleurs, demandez à un fleuriste de réaliser seulement votre bouquet et les boutonnières, et vous vous chargerez du reste. Optez pour des centres de tables composés de plantes vertes et de bougies, placez une ou deux belles fleurs dans des bouteilles ou des soliflores, et le tour est joué !

... ET CÔTÉ DÎNER

Revoyez le menu du dîner. L'option deux entrées, une viande, un poisson, un trou normand, fromages et desserts n'est plus la norme. À vous le camion à burgers, les pizzas, le pique-nique dans un parc ou le méchoui en plat unique. En plus, c'est super convivial !

METTEZ VOS PROCHES À CONTRIBUTION...

Profitez des talents familiaux ou amicaux ! Un papa bricoleur ? Il sera sûrement ravi de construire pour vous ce chouette bar à limonade en bois. Pareil pour votre mamie, reine de la confiture aux fraises.

Attention au DIY !

Fabriquer soi-même ne réduit pas toujours les coûts. Mieux vaut parfois acheter des choses toutes faites et les personnaliser un peu.

122

... ET FAITES PARTICIPER VOS INVITÉS

Votre lieu de réception propose des logements sur place ? Demandez à vos invités de prendre en charge une partie de ces frais de couchage ; vous pourrez ainsi les déduire de la location du lieu.

RECYCLEZ ET REGROUPEZ

Par exemple, les fleurs de la cérémonie seront superbes replacées lors du cocktail puis sur le buffet de desserts.

Pourquoi ne pas utiliser vos cadeaux d'invités comme marque-place, par exemple ? Une double utilisation qui fera baisser sensiblement la note.

Un menu par table, un livret de cérémonie pour deux, etc., rien ne vous empêche de réduire le nombre d'impressions papier pour diminuer le budget. Et pourquoi ne pas opter pour un menu unique noté sur une grande ardoise à l'entrée de votre salle ?

PENSEZ AUX SOLDES

Avec l'arrivée des nouvelles collections de robes de mariées, certaines boutiques soldent les modèles de la saison précédente. Surveillez de près leur actualité entre fin août et début octobre pour ne pas rater la bonne affaire. Et n'oubliez pas de regarder en dehors des boutiques estampillées mariage pour trouver la robe de vos rêves !

Restez toujours à l'affût : une balade en ville, une bijouterie sur le point de fermer, à vous l'alliance de vos rêves à moitié prix !

N'HÉSITEZ PAS À EMPRUNTER

Et si votre meilleure amie vous prêtait sa jolie broche ? Ou votre sœur son voile de mariée ? Des petites choses qui misent bout à bout pourraient vous permettre de diminuer la note.

REVENDEZ

Vous avez investi dans de jolis détails pour la décoration, comme des vases, des objets chinés ou de la porcelaine vintage ? Si vous ne souhaitez pas garder ces objets après votre mariage, pourquoi ne pas les céder à d'autres futurs mariés ? Il existe sur Internet des sites dédiés à ce commerce : eBay, Etsy, Le Bon Coin ou Annonces Dentelle.

Attention

Dans le cas d'une cérémonie à l'église, il est d'usage de laisser sur place une composition de fleurs pour les offices de la semaine, mais vous pourrez sans problème récupérer les bouts de bancs par exemple.

Mon conseil

Attention, on oublie souvent de multiplier les prix par le nombre d'invités. Alors, oui, ce tote bag personnalisé avec logo sur mesure ne coûte que 3,50 euros. Multipliez-le par 170 et la note grimpe à près de 600 euros ! Finalement, ce joli sachet de graines à planter à 90 centimes sera peut-être d'un aussi bel effet.

DÉCIDER DE LA DATE *de son mariage*

La date de votre mariage sera un des premiers éléments à déterminer lorsque vous commencerez vos préparatifs. Que vous soyez amoureux de la Provence en été ou des montagnes enneigées des Alpes, c'est elle qui sera le point de départ de nombre de vos autres choix.

- Dans quel endroit aura lieu la réception ? C'est lui qui fixe souvent la durée des préparatifs du mariage, qui peuvent s'étaler sur dix-huit mois. En effet, certains endroits prisés, ou rarement ouverts à la location, sont réservés très longtemps en avance. Plus vous vous y prendrez tôt dans le choix du lieu, plus vous aurez de possibilités de dates de mariage.

- Des événements sont-ils déjà prévus cette année dans votre famille ? Si votre frère ou votre cousine se marie en juin, et que vous vous êtes fiancé après ce couple, choisissez une date ultérieure à la sienne. Politesse et paix des familles obligent !

- Comment imaginez-vous votre journée ? Un dîner élégant sous les étoiles ou cosy au coin du feu ? En fonction de vos envies, optez pour la saison adaptée afin de déterminer la date de votre journée.

- Existe-t-il une date qui vous est chère et qui est importante dans votre vie ? Cela pourrait être l'occasion de la rendre encore plus mémorable. Au contraire, en fonction de votre histoire ou de celle de vos familles, vous éviterez sûrement certaines dates…

- Avez-vous envie de profiter d'un pont ou de vacances pour vous unir ? Par exemple, si vous ou certains de vos invités travaillent dans l'enseignement, il sera sûrement plus simple de choisir les périodes de vacances scolaires pour vous dire « oui ». Et si vous avez envie de réunir vos invités le plus longtemps possible, préférez un long week-end avec un jour férié.

- Dans quelle région souhaitez-vous vous marier ? Même s'il est difficile de prévoir le temps qu'il fera, et ce, quelle que soit la région, on peut sans trop s'avancer dire que les mois de juin ou de juillet en Normandie seront plus doux que le mois d'avril.

CHOISIR LE LIEU
de sa réception

Comme avec n'importe quel autre professionnel qui vous accompagnera le jour J, l'essentiel est d'avoir confiance en le propriétaire du lieu de réception. Si vous avez le moindre doute lors de votre première rencontre, fuyez ! Votre mariage est un jour important pour vous, il est donc primordial que vous vous sentiez à l'aise avec l'équipe qui vous entourera.

Pour en savoir plus sur le budget alloué à la salle de réception, rendez-vous en page 14.

DÉFINISSEZ LE STYLE DE VOTRE MARIAGE

Plutôt champêtre, urbain, industriel, élégant ou traditionnel... ? En fonction de l'esprit que vous souhaitez donner à votre mariage, vous orienterez vos recherches vers l'endroit qui correspond le mieux à vos attentes. Une grange rénovée, un hôtel au cœur de la ville, un loft réhabilité ou un château classé, etc., le lieu de réception donnera le ton général de votre journée. Et si vous avez en tête un mariage simple et bucolique, éliminez tout de suite de votre liste l'hôtel particulier option moulures, dorures et cheminée en marbre !

PRÉVOYEZ LE NOMBRE D'INVITÉS

Combien compterez-vous d'invités ? Même si ce nombre ne sera pas définitif avant la semaine précédant votre mariage, de nombreux lieux n'accueillent que de petites réceptions d'une centaine de personnes. Au-delà, il vous faudra peut-être louer une tente, et donc augmenter votre budget.

ANTICIPEZ LES COÛTS

Le mobilier (tables, buffets ou chaises) est-il compris dans la location ? Devrez-vous prévoir un supplément pour un gardien, le chauffage, le vestiaire ? Les charges (l'eau et l'électricité) sont-elles comprises dans le forfait de location ? Lorsque vous partez en quête du lieu idéal, dressez une liste de tous ces points et des coûts associés à chacun ; vous pourrez ainsi comparer objectivement les lieux et décider en toute sérénité.

Mes conseils

Avant de craquer pour un bel endroit, pensez à demander si certains prestataires sont imposés par le lieu de réception. Traiteur, DJ, location de mobilier, ces points peuvent vraiment faire la différence lorsque vous recherchez le lieu parfait. Et surtout, ne signez pas si un de ces prestataires ne vous convient pas.

PENSEZ À L'ACCESSIBILITÉ ET AUX SERVICES ANNEXES

L'endroit est-il facilement accessible ou correctement desservi par les transports ? Certains de vos invités viendront sûrement de loin ; dans ce cas, pensez à leur indiquer une agence de location de voitures à proximité ou des taxis, ou demandez à un des invités s'il accepterait d'en récupérer d'autres en pleine campagne.

Existe-t-il un accès pour les personnes en fauteuil roulant ? Des toilettes en nombre suffisant ? Le lieu dispose-t-il de chambres pour loger vos invités ? Si oui, combien ? Est-ce compris dans le forfait ? Si non, le lieu peut-il vous conseiller une liste d'hôtels et de chambres d'hôtes à proximité ?

N'OUBLIEZ PAS LES POINTS TECHNIQUES

La salle dispose-t-elle d'un ampérage suffisant pour supporter les étuves en cuisine, les lumières et le matériel du DJ ? Le courant qui saute parce que le chef branche une cafetière pendant que le DJ met en marche ses spots lumineux, cela vous rappelle quelque chose ? Non ? À moi, oui !

La décoration

Si vous avez envie de décorer votre salle, n'oubliez pas de demander au propriétaire du lieu si celui-ci sera disponible la veille du mariage pour l'installer. Si elle n'est accessible que le matin du jour J, assurez-vous qu'une personne de confiance pourra s'occuper de mettre en place tous les petits détails pour vous. Ce jour-là, n'oubliez pas de déléguer pour profiter.

Par ailleurs, avant de vous lancer dans les achats, n'oubliez pas de vérifier au préalable ce qu'il est possible de faire. Ce serait dommage de prévoir un ciel de lampions alors qu'aucune accroche n'est envisageable au plafond, ou une entrée des mariés avec des bâtons d'étincelles si le traiteur n'a pas été prévenu. De la même façon, on ne lance pas de lanternes thaïlandaises sans avoir demandé une autorisation au propriétaire du lieu, à la mairie, et sans avoir prévenu les pompiers par précaution.

Et le dancefloor ? C'est un point important à ne pas négliger. Ne voyez pas les choses en grand au risque de donner l'impression que la piste est vide... Plus restreinte, l'ambiance n'en sera que meilleure, même si c'est souvent inconscient pour beaucoup. Songez également au « temps de trajet » entre les tables/l'espace fumeur et la piste qui peut aussi diminuer la motivation des invités pour aller danser !

© Pinewood Weddings

© Capyture

LES
PRÉPARATIFS

Votre budget est défini, la date du mariage fixée et le lieu de réception trouvé, vous pensez que le plus dur est passé ? Mais non, le parcours du combattant ne fait que commencer !
Traiteur, fleuriste, créateur de faire-part, DJ, etc., l'essentiel est de les choisir pour leur travail. La confiance est aussi primordiale ! Une bonne équipe de prestataires, c'est quasiment l'assurance d'un mariage sans couacs ni drame côté organisation.

Le bouche-à-oreille

Faites marcher votre réseau. Demandez à votre entourage leurs bonnes (et mauvaises !) adresses. Même si c'est avant tout une question de feeling, les avis de ceux qui vous connaissent seront sûrement pertinents.
De la même manière, les prestataires que vous sollicitez sauront à coup sûr vous conseiller des professionnels en adéquation avec vos attentes et avec qui ils auront déjà eu l'occasion de travailler.

CHOISIR *son traiteur*

C'est souvent le poste de dépenses le plus important du mariage, alors autant ne pas se tromper ! Comment choisir le traiteur de votre mariage et trouver la perle rare ? Voici mes astuces pour vous aider.
Pour en savoir plus sur le budget alloué à la prestation de traiteur, rendez-vous en page 16.

OÙ TROUVER UN TRAITEUR ?

Comme dit précédemment, faites jouer votre réseau ! Une amie récemment mariée, votre famille, mais aussi votre lieu de réception, votre photographe ou la créatrice de votre robe pourront peut-être vous renseigner.
L'avantage de travailler avec un traiteur recommandé par votre lieu de réception ? Il connaîtra déjà l'endroit et parera ainsi à d'éventuelles difficultés techniques (électricité, accès, cuisine...).
Par ailleurs, sachez que certains lieux imposent de travailler avec un traiteur en particulier, ou de choisir au sein d'une liste de professionnels imposés. C'est pour eux un gage de qualité (et pour vous une certaine tranquillité d'esprit) : ils sont ainsi certains de proposer le meilleur à leurs mariés et de travailler avec des professionnels de confiance, qui connaîtront et respecteront l'endroit. En revanche, veillez à ce que cette liste imposée ne soit pas simplement le jeu de commissions financières entre les professionnels, dans lequel le traiteur reverserait une somme pour travailler en priorité.
Consultez également les sites Internet dédiés au mariage (mais aussi les annuaires et les blogs). Ils proposent de nombreuses adresses de prestataires « coup de cœur » ainsi que des reportages où les mariés dévoilent leurs bonnes adresses.

Seasons
S461·ALC
SOUTH AUSTRALIA

QUAND LE CONTACTER ?

Contactez-le le plus tôt possible, environ huit à dix mois avant votre mariage. Comme pour les autres professionnels, les meilleurs sont souvent pris d'assaut ; excepté les grosses structures, peu d'entre eux peuvent se charger de plusieurs réceptions le même jour.

LES DÉGUSTATIONS

Après avoir contacté trois ou quatre traiteurs au maximum et comparé les devis, sélectionnez les deux professionnels qui correspondent le mieux à vos envies et à votre budget, et commencez les dégustations. Celles-ci sont en général payantes, pour deux ou quatre personnes, mais ce prix sera probablement déductible de la facture finale.
C'est le moment de poser toutes les questions auxquelles vous n'auriez pas pensé, de voir ce qui est ajustable, de vérifier les quantités, de valider le choix de vaisselle...

LE DEVIS FINAL

Lorsque les dégustations sont terminées et que votre choix est arrêté, validez chaque point du devis final de votre traiteur : du menu aux options en passant par la mise en place, la vaisselle, les nappages, la décoration, le service, les horaires de début et de fin de prestation, les boissons, le bar de nuit, mais aussi les modalités de règlement... Tout doit être passé en revue afin d'éviter les mauvaises surprises ou les oublis.

Les questions à se poser

Avant de contacter un traiteur, réfléchissez pour commencer à ce dont vous avez envie pour votre réception de mariage. Voici quelques questions qui vous aideront à faire le tri dans votre sélection de professionnels.
Un dîner assis ? Un long cocktail ? De la cuisine du monde ou traditionnelle ? Un service à l'assiette ou un plat partagé ? Un méchoui ou un dîner formel ? De la cuisine bio, gastronomique, simple, bistro... ? Souhaitez-vous faire la part belle aux produits de saison ?

L'entente avant tout !

Lors de la dégustation, le goût, le service et la qualité des produits sont évidemment importants. Mais comme pour tous les autres professionnels avec qui vous travaillerez, l'entente est essentielle, et vous devez absolument vous sentir écouté, accompagné et en confiance avec votre traiteur.

Check-list traiteur

Informations à lui transmettre

- *La date du mariage.*
- *Le lieu du mariage, du cocktail et du dîner.*
- *Les conditions particulières et techniques de l'endroit (office traiteur, matériel à disposition, vérification des normes électriques...).*
- *Le planning global de la journée.*
- *Le nombre d'invités.*
- *Votre budget.*
- *Le style de votre journée.*
- *Vos envies.*
- *Les informations particulières (allergies, régimes, goûts...).*

Questions à lui poser

- *À quelle heure ses équipes arrivent-elles sur place ?*
- *Réalise-t-il la mise en place de la carcasse (installation des tables et des chaises) ?*
- *Se charge-t-il de l'arrangement de la décoration ?*
- *Propose-t-il la location de vaisselle et de nappage ? De mobilier ? Pour quel budget ?*
- *Le service est-il inclus dans le devis ?*
- *Le volume de personnel correspond-il aux impératifs de votre réception (nombre de convives, topographie du lieu...) ?*
- *Quelle est la date limite avant la réception pour modifier le nombre d'invités ?*
- *Gère-t-il les menus particuliers (casher, hallal, végétarien, sans gluten...) ?*
- *Propose-t-il les vins et les alcools ? Avez-vous la possibilité de choisir ou d'apporter vos propres alcools ? Exerce-t-il un droit de bouchon ?*
- *Quelles formules propose-t-il pour les menus enfants ? Pour les prestataires ?*

Informations à lui transmettre le jour J

- *Le nombre définitif de convives.*
- *Le plan de table final (un plan dans l'espace des tables disposées dans la salle, mais aussi par table, avec le nombre de personnes qui y seront installées).*
- *La liste des personnes ayant un régime particulier et leur emplacement sur les tables.*
- *Le déroulement de votre soirée, notamment les éventuelles animations qui rythmeront le dîner.*
- *Le nombre de menus enfants à prévoir.*
- *Le nombre de menus pour les prestataires.*
- *Toutes les recommandations utiles (sur la décoration, notamment).*

SÉLECTIONNEZ LES VINS

La question du choix des vins est récurrente lorsqu'il s'agit des préparatifs d'un mariage. Pour quel accord mets-vin opter ? Plutôt blanc ou rouge ? *Quid* de la quantité ? Mais toujours avec modération !

QUAND CHOISIR SON VIN ?

Pour bien faire les choses, le vin se choisit quand le menu est connu.

N'hésitez pas à prendre conseil auprès de votre traiteur ou de votre marchand de vin, ils sauront vous aiguiller.

QUELLE QUANTITÉ DE VIN PRÉVOIR ?

Lorsque vous sélectionnez les vins de votre mariage et devez estimer les quantités nécessaires, prenez en compte les différents moments, ainsi que le profil de vos invités. Avez-vous prévu un cocktail ? Vos invités dorment-ils sur place ou devront-ils faire un peu de route pour rentrer ? En effet, s'ils conduisent après la soirée, ils seront plus raisonnables.

Si le champagne est consommé à l'apéritif puis pendant la soirée, comptez une bouteille pour trois/quatre personnes. Si du vin blanc est servi pour l'entrée, tablez sur une bouteille pour quatre/cinq personnes ; pour le vin rouge en accompagnement du plat, ce sera une bouteille pour trois/quatre personnes.

Mémo

Vin rouge : 1 bouteille pour 3/4 personnes
Vin blanc : 1 bouteille pour 4/5 personnes
Champagne : 1 bouteille pour 3/4 personnes

PLUTÔT CHAMPAGNE OU CRÉMANT ? VIN ROUGE OU BLANC ?

S'il existe de bons crémants, la magie du champagne, pour un événement comme le mariage, le place sur la première marche du podium. Cela dit, un crémant demi-sec, donc légèrement sucré, est parfaitement adapté pour la pièce montée par exemple ; dans ce cas, servez le champagne durant le cocktail. Et vous connaissez sûrement l'adage : « Mieux vaut un bon crémant qu'un mauvais champagne ! »

Les menus classiques invitent en général à choisir un vin blanc pour l'entrée (il peut être moelleux avec du foie gras) et un vin rouge pour le plat. Pensez toutefois que l'on peut parfaitement boire du vin blanc (type chardonnay) avec les viandes blanches et du rouge léger (pinot noir ou cabernet) avec les poissons.

LES ERREURS À ÉVITER

Inutile de multiplier le nombre de références. Vous éviterez ainsi la confusion et surtout le mal de tête ! Sélectionner un vin blanc, un vin rouge et un champagne est amplement suffisant.

Attention également à ne pas opter pour un vin blanc trop moelleux. Il est de coutume de boire ce type de vin surtout avec le foie gras (et c'est un très bon choix), mais préférez au sauternes un vin blanc d'Alsace comme le gewurztraminer, moins sucré.

La sécurité

La plupart des mariages ont lieu dans des endroits isolés, alors n'oubliez pas de penser à la sécurité de vos invités.
Vous pouvez, par exemple, prévoir un service de taxis. Informez l'agence la plus proche de votre lieu de réception de la date de votre mariage, et signalez son numéro de téléphone à vos invités durant la soirée (par exemple, à l'aide d'une petite affiche sur la table de votre livre d'or). Vos invités pourront ainsi les contacter pour être raccompagnés.
Optez sinon pour un service de monospaces avec chauffeurs qui organisera des navettes pour raccompagner vos convives tout au long de la nuit.

CHOISIR *son DJ*

Un des points essentiel de la journée, c'est... la soirée. Une fois que vos invités et vous-même serez rassasiés de bonheur, de joie, d'amour et de carré d'agneau sur son lit de légumes du soleil, il va falloir passer aux choses sérieuses et dépenser toutes les calories emmagasinées lors du dîner ! Et c'est là que le DJ entre en scène.

Si vous avez décidé de confier l'ambiance de votre soirée à un pro, voici quelques pistes pour choisir celui qui vous fera vous déhancher en toute insouciance.

Pour en savoir plus sur le budget alloué à la prestation de DJ, rendez-vous en page 19.

OÙ TROUVER UN DJ ?

Demandez aux couples mariés autour de vous qui a assuré la musique de leur soirée, et s'ils en ont été satisfaits. Évidemment, mieux vaut dans ce cas avoir les mêmes attentes en matière d'ambiance. Sinon, votre lieu de réception aura sûrement une liste de prestataires à vous fournir. Et ce sera alors à vous de faire le tri.

Lors de votre rendez-vous, le feeling est un point essentiel. Vous devez vous sentir à l'aise avec lui (ou elle) et pouvoir lui parler de vos attentes en toute franchise, lui expliquer vos goûts en matière de musique et vos envies.

LES HORAIRES DE DÉBUT ET DE FIN DE SOIRÉE

D'expérience, les repas trop longs font redescendre l'ambiance d'une soirée. Privilégiez un cocktail long, suivi d'un repas sans entrée. Avec un dîner débutant autour de 21 heures et un dessert servi vers 23 heures, vous serez sur la piste avant minuit.

N'oubliez pas de demander l'heure de fin contractuelle de votre lieu de réception, mais aussi de votre DJ (heure au-delà de laquelle il faudra payer un supplément pour continuer à danser).

On aime

DANCE POLICE

www.dancepolice.fr

Check-list DJ

Informations à lui transmettre

- *La date du mariage.*
- *Le lieu du mariage. Éventuellement, le lien vers le site Internet du lieu pour qu'il puisse se faire une idée globale de l'endroit, des différents espaces à sonoriser, du système d'éclairage, des accroches disponibles pour installer un ciel de guirlandes de lumières…*
- *Le nombre d'invités. On ne prépare pas de la même façon une soirée pour 50 ou pour 200 invités. En fonction, il faudra prévoir plus ou moins de matériel, et même pourquoi pas un technicien supplémentaire.*
- *Votre budget.*
- *Le style de votre journée. Avez-vous prévu une cérémonie laïque, un cocktail, un dîner assis ? Les espaces sont-ils contigus ou faut-il prévoir deux systèmes de sonorisation distincts ?*
- *Vos envies. Quelle mise en lumière souhaitez-vous ?…*
- *La liste du matériel disponible sur place. Si le lieu est totalement équipé, votre DJ pourra simplement venir avec ses platines. Certains préfèrent venir avec tout leur matériel.*
- *Si des animations sont prévues. Vos témoins et familles ont peut-être prévu une surprise, et auront sans doute besoin d'un vidéoprojecteur ou encore de micros.*
- *Les coordonnées d'un ou deux référents « animation » afin de préparer la soirée.*

Questions à lui poser

- *Est-il bien déclaré ?*
- *Depuis combien de temps fait-il ce métier ? Combien de mariages a-t-il assurés ?*
- *Est-ce que ce sera lui qui assurera la soirée (et pas son associé/ami). Si non, qui sera sur place ?*
- *De quel matériel dispose-t-il ?*
- *A-t-il prévu du matériel de secours ?*
- *Peut-il s'occuper de la mise en lumière de la salle/piste ?*
- *Peut-il vous fournir micro/écran/rétroprojecteur en cas d'animation prévue par vos invités ?*
- *Peut-il se procurer des morceaux qui vous tiennent à cœur ?*
- *Jusqu'à quelle heure assure-t-il sa prestation ?*
- *À combien estime-t-il son temps d'installation et de démontage ?*

IDÉES DE CHANSONS POUR RÉUSSIR VOTRE PREMIÈRE DANSE

Donna Summer – *Last Dance*
Glenn Miller – *In the Mood*
The Jackson Five – *I Want You Back*
Chuck Berry – *You Never Can Tell*
The Supremes – *You Can't Hurry Love*
The Beach Boys – *Surfin' USA*
Elvis Presley – *Can't Help Falling in Love*
The Mamas & The Papas – *Dream a Little Dream of Me*
Andy Williams – *Can't Take My Eyes Off You*
Tom Jones – *It's Not Unusual*
Ray Charles – *I Got a Woman*
Elton John – *Don't Go Breaking My Heart*
Jive Bunny & The Mastermixer – *Swing The Mood*
Bill Withers – *Ain't No Sunshine*
Queen – *Don't Stop Me Now*
Jet – *Are You Gonna Be My Girl*
Françoise Hardy – *Le Temps de l'amour*
The Cardigans – *Lovefool*
Renato Carosone – *Tu Vuo' Fa' L'Americano* (Remix)
The Bangles – *Eternal Flame*
Peter Sarstedt – *Where Do You Go to (My Lovely)*
José González – *Heartbeats*
Israel Kamakawiwo'ole – *Over the Rainbow*
Yann Tiersen – *La Valse d'Amélie*
Royal Concertgebouw Orchestra & Riccardo Chailly – *Jazz Suite N° 2-6. Waltz II*

CHOISIR *son photographe*

Que restera-t-il une fois le mariage passé ? Votre moitié évidemment, vos alliances et vos souvenirs... Alors autant bien choisir celui ou celle qui sera chargé d'immortaliser votre journée. C'est pourquoi je crois que c'est une des questions qui préoccupe le plus les futurs mariés. Mais par où commencer ? Voici quelques pistes pour choisir votre photographe de mariage.

IDENTIFIEZ LE STYLE D'IMAGES QUI VOUS PLAÎT

Pour que vous soyez, après le mariage, tous deux ravis du résultat, il est impératif d'identifier avec votre moitié le style d'images que vous aimez. Orientez ensuite votre recherche exclusivement sur des photographes qui adoptent ce style. Demander à un prestataire de fournir des images dans un genre tout à fait différent du sien est le meilleur moyen d'être déçu. Ni vous ni lui ne serez contents du résultat.

OÙ TROUVER UN PHOTOGRAPHE ?

Sur les blogs consacrés au mariage, évidemment ! Les reportages qui y sont publiés sont un bon moyen de consulter le travail de nombreux professionnels, et les carnets d'adresses recensent souvent les meilleurs

Interrogez vos amis tout juste mariés, ils ont sûrement de bonnes adresses à partager.

Vos autres prestataires de mariage auront probablement des contacts à vous donner, alors n'hésitez pas à les questionner.

Consultez aussi les annuaires et les associations de photographes comme Fearless Photographers pour découvrir le travail de très nombreux photographes.

QUAND ET COMMENT LE CONTACTER ?

Vous devez vous y prendre en avance mais pas trop non plus ! La date et le lieu de votre mariage doivent être au préalable fixés. Mais cela ne vous empêche pas de commencer à regarder ce qui se fait !

Comme souvent, les photographes les plus en vue sont très vite réservés ; dans ce cas, voyez large et appelez-les douze mois avant votre mariage.

Inutile d'envoyer le même message à vingt ou trente photographes. Vous perdriez votre temps. La plupart d'entre eux indiquent sur leur site un prix de départ vous permettant de savoir s'il convient à votre budget.

Ensuite, sélectionnez trois ou quatre photographes correspondant au style que vous aimez, et dont les images vous touchent particulièrement. Contactez-les un à un en commençant par votre préféré pour vérifier si le courant passe, et surtout, s'il est encore disponible le jour J.

Envoyez un e-mail poli en précisant un maximum d'informations sur votre journée : la date, le lieu, le style de mariage que vous imaginez, le nombre d'invités présents, ce que vous appréciez dans ses images et ce que vous aimeriez que l'on retienne de cette journée...

UNE QUESTION D'AFFINITÉS AVANT TOUT !

Avant de signer, rencontrez votre photographe en vrai ou via une visioconférence. Assurez-vous que le courant passe bien. Êtes-vous plus à l'aise avec une personne discrète ou, au contraire, recherchez-vous quelqu'un de présent, voire d'exubérant ? La personnalité de votre photographe conditionnera son attitude le jour J ; vous devez donc être absolument sur la même longueur d'onde.

Mes conseils

- *Ne contactez que des photographes professionnels, déclarés, avec qui vous signerez un contrat.*
- *Évitez au maximum, si vous tenez au poste photos, de demander à votre cousin par alliance/ami de se charger des images de votre mariage. Quelqu'un dont ce n'est pas le métier et qui n'est pas payé préférera sûrement faire un tour au bar de votre cocktail que de s'occuper des photos de groupe.*
- *Avec votre moitié, le ou la photographe que vous choisirez sera la personne avec qui vous passerez le plus temps le jour J, alors autant choisir quelqu'un en qui vous avez confiance, avec qui vous vous sentez à l'aise et que vous appréciez !*
- *Faites-lui confiance. Vous avez choisi votre photographe pour ses images, son approche, ses qualités. Alors laissez-le faire son travail et profitez !*

Check-list des questions à lui poser

N'hésitez pas à lui poser toutes les questions qui vous passent par la tête. Mieux vaut être tout à fait à l'aise et ne laisser place à aucun malentendu.

- *Depuis quand exerce-t-il ce métier ?*
- *Combien de mariages a-t-il photographiés ?*
- *Qu'est-ce qui est inclus dans sa prestation ?*
- *Sera-t-il seul ou assisté le jour J ?*
- *En combien de temps sont livrées les images ? Sur quel support ?*
- *Propose-t-il une séance engagement ?*
- *Est-il assuré ?*
- *Que se passe-t-il s'il tombe malade et ne peut être présent le jour J ?*
- *Peut-il établir une estimation de ses frais de déplacement ?*

LA SÉANCE ENGAGEMENT

C'est souvent un premier test devant l'objectif, un moment auquel nous ne sommes pas habitué et qui peut parfois nous angoisser. Petit conseil : n'attendez pas de vous fiancer pour préparer votre séance engagement.

QU'EST-CE QU'UNE SÉANCE ENGAGEMENT ?

La séance engagement est une séance photo de couple réalisée avant le mariage. Elle permet de vous familiariser avec l'objectif, avec la façon de travailler du photographe qui sera probablement celui de votre mariage, et de conserver un joli moment de votre histoire. C'est aussi l'occasion d'avoir de belles photos de votre couple !

Elle permet éventuellement d'immortaliser la demande en mariage. Dans ce cas-là, et si vous êtes à l'aise avec l'idée, mettez votre photographe dans la confidence et vivez à fond ce moment pour en garder de merveilleux souvenirs.

OÙ ORGANISER LA SÉANCE ENGAGEMENT ?

À la mer, à la montagne, en forêt, en ville, près de chez vous ou à l'étranger, c'est vous qui décidez ! L'essentiel est de trouver un lieu qui vous ressemble. Les pays en vogue ces derniers mois ? L'Écosse et l'Islande par exemple. Mais il n'est pas obligatoire de partir si loin, vous pouvez parfaitement réaliser cette séance chez vous.

QUAND RÉALISER LA SÉANCE ENGAGEMENT ?

Cette séance a lieu en général avant le mariage. Libre à vous de l'effectuer quelle que soit la saison. Les photos sous la neige ont quelque chose de magique, mais les séances sur la plage en été sont tout aussi sublimes. Peu importe la saison ou le temps, souvenez-vous que l'essentiel est de profiter vraiment de ce moment.

COMMENT LA PRÉPARER ?

Avant tout, cette séance doit vous ressembler. Discutez-en avec votre photographe qui saura sûrement vous aiguiller. Pensez à votre couple, à votre histoire, à votre façon de vivre, cela vous donnera certainement des idées.

Une fois que vous aurez déterminé le style et le lieu de votre séance, n'hésitez pas à glaner quelques idées supplémentaires sur Pinterest ou sur les blogs mariage, mais évidemment, il est inutile de tout prévoir. Sachez laisser place à l'inconnu !

QUELLE TENUE PORTER ?

Comme pour le reste, l'idée est que vous soyez à l'aise.

- Inspirez-vous du lieu que vous avez choisi. Inutile de prévoir une robe légère et des escarpins si vous avez prévu une balade en montagne, par exemple. L'ensemble sera plus joli si tout est cohérent.

- Prenez en compte la météo. Même sous un ciel gris ou sous la pluie, une séance peut être jolie. Il faudra simplement prévoir une petite laine, un joli parapluie, et pourquoi pas de belles bottes de pluie pour éviter d'avoir froid et d'être crispé sur les images.

- Soignez l'harmonie. Sans porter des tenues identiques (cela semblerait d'ailleurs assez étrange), choisissez vos vêtements dans des gammes colorées proches ou complémentaires, comme un joli camaïeu. Évitez les fines rayures qui peuvent donner aux images des effets d'optique disgracieux. Soyez assortis ! Pensez aussi à être sur la même longueur d'onde que votre moitié : si vous optez pour une robe élégante, il évitera de porter une tenue trop décontractée, par exemple.

- Collez à l'esprit de votre séance. Demandez-vous en amont ce que vous aimeriez faire ressortir de cette séance engagement. C'est très simple : partez de vous. Êtes-vous plutôt fun, introvertis, fougueux, romantiques, casaniers ? Laissez-vous guider par quelques adjectifs pour donner un esprit général, une ambiance à cette séance. Serait-elle plutôt colorée, discrète, passionnée, délicate ou cosy ? Essayez de transposer cela dans vos tenues. De gros pulls en tricot, de la laine évoquent par exemple un esprit feutré, chaleureux. Vous voyez l'idée ?
- Et pour les accessoires ? N'hésitez pas à porter un bel accessoire pour relever votre tenue et lui ajouter du caractère. Un chapeau, un joli foulard, un plaid moelleux, un panier, votre paire de bottes fétiches, à vous de choisir ! Attention cependant à ne pas en faire trop, ne tombez dans les clichés ou n'essayez pas de coller à une mode qui ne vous ressemble pas. Abandonnez le ukulélé si vous ne savez pas vraiment en jouer

© Yoris Photographe

CHOISIR *son fleuriste*

Vous le savez, j'adore les fleurs ! Selon moi, le lieu de réception et la décoration florale suffisent souvent au décor d'un mariage.

Comme pour tous les autres prestataires, n'hésitez pas à faire jouer votre réseau. Mais voici tout de même quelques conseils pour vous aider à trouver la perle rare.

Pour en savoir plus sur le budget alloué à la décoration et notamment aux fleurs, rendez-vous en page 19.

N'ATTENDEZ PAS LA DERNIÈRE MINUTE

Attention, les fleuristes ne s'occupent souvent que de deux ou trois mariages au maximum par week-end. Et même parfois d'un seul lorsque ces artisans travaillent dans de petites structures. Faites vos recherches en amont de vos préparatifs et contactez vos fleuristes préférés (deux ou trois, pas plus) sans trop tarder.

PRÉPAREZ VOTRE RENDEZ-VOUS

Pour avancer au mieux et expliquer clairement vos envies, n'oubliez pas de préparer en amont tout rendez-vous ou échange avec votre fleuriste. Présentez-lui votre carnet d'idées, une planche d'inspiration, vos couleurs, des photos de votre robe et du lieu de réception, et, bien sûr, des visuels de ce qui vous plaît ou non côté fleurs.

Toutefois, ne soyez pas trop directive et laissez-lui la possibilité de vous proposer des choses auxquelles vous n'aurez pas pensé.

FAITES CONFIANCE À VOTRE FLEURISTE

Comme tous les autres prestataires que vous aurez sélectionné, votre fleuriste doit être sur la même longueur d'onde que vous et votre moitié. Si vous avez choisi une ambiance champêtre et rustique, assurez-vous que son univers corresponde au vôtre afin de ne pas vous retrouver avec des feuilles de bananier laquées dans votre bouquet !

La confiance et le feeling sont absolument essentiels. Si vous avez bien choisi celui ou celle qui vous accompagnera lors de ce grand jour et que vous lui avez expliqué de quelle façon vous voyez votre mariage, il ne vous restera qu'à lâcher prise et à profiter de ses créations imaginées pour vous.

LES COMPOSITIONS TESTS

Les fleuristes proposent parfois de réaliser des compositions tests pour que vous puissiez valider l'ambiance florale. C'est une bonne idée pour mieux visualiser les volumes et juger des rendus. Attention toutefois, un test réalisé en février n'aura rien à voir en termes de fleurs avec des compositions estivales.

© The Quirky / Fleurs Lily Paloma

Check-list fleuriste

Voici la liste des informations à fournir à votre fleuriste pour constituer un devis.

- *La date du mariage.*
- *Le lieu du mariage, du cocktail et du dîner.*
- *Le planning global de la journée.*
- *Les informations techniques utiles (heure de mise en place, contraintes du lieu de réception...).*
- *Le style de la journée.*
- *Le nombre exact de compositions souhaitées (bouquet de mariée, bouquet de demoiselles d'honneur, couronnes de fleurs, boutonnières, décor de cérémonie, compositions pour le cocktail, centres de tables...).*
- *Les envies particulières (fleurs, couleurs, allergies...).*
- *Un carnet d'inspiration.*
- *Le budget maximal.*

© The Quirky

On aime

LE FLEURISTE DU COIN

www.lefleuristeducoin.com

MINUIT SAUVAGE

www.minuitsauvage.com

CHOISIR *sa robe de mariée*

Partir en quête de la robe idéale est un des moments les plus enthousiasmants des préparatifs de votre mariage, alors voici quelques conseils pour ne pas vous tromper.

Pour en savoir plus sur le budget alloué à la robe de mariée, rendez-vous en page 18.

FAITES UN PREMIER REPÉRAGE

Parcourez les sites Internet, les blogs, etc., et regardez des reportages photo et les silhouettes des collections de différentes marques afin de vous faire une idée de ce qui vous plaît et ne vous plaît pas. Êtes-vous plutôt attirée par des lignes fluides, une taille haute, de la dentelle, du volume, un décolleté dans le dos... ?

Je vous conseille de créer un tableau Pinterest dédié à la recherche de votre robe (il peut être secret si vous ne souhaitez pas que tout le monde y ait accès) et d'y épingler ce qui vous séduit. Laissez de côté un temps toutes ces idées et revenez-y à tête reposée pour ôter ce qui finalement vous convient moins. Ces images vous donneront une bonne vision de ce que vous aimez en matière de robe de mariée.

UNE ROBE EN FONCTION DU STYLE DE VOTRE MARIAGE

Quelle sera l'ambiance de votre journée ? Cette question est essentielle pour trouver LA robe. En effet, elle doit être en parfaite adéquation avec le lieu et les couleurs choisis. Par exemple, une robe fluide et légère sera adaptée à un mariage sur la plage ou champêtre ; une robe plus ornée, sophistiquée ou volumineuse conviendra mieux à un mariage dans un bel hôtel parisien.

Pensez à acheter un beau parapluie en cas de mauvais temps. On ne sait jamais...

NE TARDEZ PAS TROP

S'il est inutile de s'y prendre trop en avance, au risque de changer d'avis sur sa robe en cours de route, vous ne devez pas traîner non plus !

Comptez entre sept et neuf mois de délai pour la confection d'une robe sur mesure de créateur. Attention, certaines maisons sont prises d'assaut pour les rendez-vous et affichent parfois plusieurs semaines de délai avant de pouvoir vous accueillir. Ainsi, pour un mariage d'été, commencez vos essayages au début de l'automne.

DES ESSAYAGES AU TOP

→ Choisissez le bon jour. Essayez de prendre rendez-vous en semaine. Les conseillères ne seront pas stressées par l'enchaînement des entrevues du samedi et elles pourront ainsi vous octroyer le maximum d'attention. Et vous, vous serez plus sereine.

→ Ne vous pressez pas. Si vous avez envie de regrouper vos essayages au cours de la même journée, prévoyez suffisamment de temps pour chacun (environ une heure, une heure et demie en fonction des maisons), mais aussi entre chaque afin d'avoir le temps de vous y rendre. Vous serez ainsi certaine de ne pas avoir à vous presser et d'essayer les robes en toute tranquillité.

→ Sachez bien vous entourer. Partez avec une ou deux personnes de confiance, qui vous connaissent vraiment et comprennent vos envies. En effet, des essayages réalisés en compagnie de quatre copines ayant chacune des goûts et des avis différents pourraient vous désorienter. Privilégiez un petit comité, avec des personnes qui sauront se montrer honnêtes, patientes et enthousiastes.

©Pinewood Weddings

- Soyez à votre avantage. Venez coiffée et légèrement maquillée (pour éviter de salir les robes en les enfilant). Votre robe de mariée est une tenue unique. Si vous l'essayez avec une petite mine et le cheveu triste, le résultat sera tout de suite moins exceptionnel. Côté sous-vêtements, optez pour des articles couleur chair, sans couture, et un soutien-gorge sans bretelles, qui vous aideront à mieux vous sentir dans votre robe. Apportez une paire de chaussures dont la hauteur de talon est à peu près semblable à celle envisagée le jour J pour mieux juger du tombé du tissu.

- Gardez l'esprit ouvert ! Vous avez épinglé sur Pinterest les images des robes qui vous plaisent, défini une forme préférée et une ligne idéale, c'est parfait ! Mais ne vous fermez pas pour autant à d'autres styles de robes qui pourraient vous aller à merveille.

- Vous avez peut-être opté sur le papier pour des robes bohèmes, taille basse et ornées de dentelle, alors que la taille empire et le tulle conviennent bien mieux à votre silhouette. Faites confiance au créateur ou à votre conseillère. Ils ont eu l'occasion de voir de très nombreuses mariées et savent de quoi ils parlent. Vous hésitez et avez besoin d'être guidée ? Ils sauront vous aider.

PAS DE PRESSION !

Oui, la robe de mariée, c'est la sacro-sainte question à laquelle vous devrez répondre chaque fois que l'on vous parlera de votre mariage. C'est aussi le moment qui rend un peu plus réel l'engagement que vous êtes sur le point de prendre, et elle reste un véritable symbole. Les essayages de robes de mariée sont un superbe moment des préparatifs, alors surtout, amusez-vous et profitez-en au maximum !

Idéalisée, sacralisée et fantasmée, la robe de mariée est une aventure à elle seule. Mais non, vous ne serez pas obligée de fondre en larmes au moment où vous la trouverez. Elle ne sera peut-être pas exactement comme vous l'aviez imaginée, ni celle d'un créateur ni très originale, mais une chose est sûre, ce sera la vôtre ; vous serez superbe, et le plus important, c'est que vous allez vous marier. Avec votre moitié, pas avec votre robe ! Alors restez zen !

Mes conseils

Demandez si vous pouvez être prise en photo avec la robe afin de vous faire une meilleure idée, à tête reposée, de son rendu. Malheureusement, certaines maisons refusent ce type de pratique durant les essayages. Certes, il reste la solution de le faire en catimini, mais dans ce cas, les photos sont souvent peu flatteuses. Pensez alors à annoter le catalogue et en détaillant les points que vous avez aimés ou non. Vous pourrez ainsi revoir tout cela une fois rentrée chez vous.

Le dress-code des invités

Vos témoins et demoiselles d'honneur doivent-ils porter la même tenue ?

Personne n'a la même silhouette, alors s'ils ne sont pas partants, n'imposez pas à vos demoiselles d'honneur et à vos témoins des tenues semblables.

Indiquez-leur une palette de couleurs, un style (sophistiqué, urbain, champêtre, bohème…) qui refléteront l'ambiance de votre journée, et laissez-les dénicher leur tenue. Ils trouveront ainsi un vêtement qui convient à leur morphologie, mais aussi à leur budget !

Comment indiquer un dress-code à vos invités ?

Il n'est pas simple de demander à vos convives de venir habillés d'une ce rtaine façon à votre mariage. Si vous avez opté pour un thème ou une ambiance, ou si vous avez envie de les voir suivre une gamme de couleurs, n'hésitez pas à évoquer subtilement un code vestimentaire.

Cela peut être avancé de façon informelle, à l'oral, au fur et à mesure des confirmations d'invitations, ou directement lors de l'envoi des faire-part, sur un carton dédié par exemple. Si vous avez prévu de mettre en ligne un site Internet de votre mariage, indiquez-le ici.

Quoi qu'il en soit, veillez toujours à ne rien imposer.

© Lifestories by Yann Audic

CHOISIR *sa lingerie*

S'il vous faudra certainement en passer par l'ensemble couleur chair sans couture pour porter sous votre robe, rien ne vous empêche d'être plus originale ensuite.

À QUEL MOMENT ACHETER SA LINGERIE ?

Vous en aurez besoin pour les derniers ajustements de votre robe, lors de l'ultime essayage. Si vous hésitez encore sur le type de lingerie à porter, prévoyez différents modèles pour l'essayage suivant ; vous pourrez ainsi les tester et vérifier quels sont les plus confortables.

SOYEZ À L'AISE

Vos sous-vêtements doivent avant tout être confortables ! Inutile de porter une magnifique robe si vous ne vous sentez pas absolument bien dedans.
Délaissez alors la jolie lingerie prévue pour le jour J (et réservez-la à votre nuit de noces) au profit de dessous discrets (couleur chair pour une robe vaporeuse, blancs ou ivoire) et sans couture qui assureront un bon maintien et seront adaptés à la coupe de votre robe.

On aime

BACK TO GLAM

www.backtoglam.fr

UN PROBLÈME, UNE SOLUTION

- Ma robe est très décolletée au niveau de la poitrine : la solution est les coques indépendantes, les patchs lift up (qui maintiennent la poitrine avec un effet tenseur) et les cache-tétons adhésifs (qui peuvent être en silicone).

- Le dos de ma robe est très échancré : dans ce cas, impossible de porter un soutien-gorge classique. Optez pour un système fixant en silicone ou en microfibre, des coques qui seront totalement invisibles et dégageront votre dos. Quelques marques proposent également des soutiens-gorge spécialement conçus pour les très grands décolletés dorsaux.

- Ma robe est plutôt près du corps : une gaine sans couture sera votre meilleur allié (il en existe de très jolies). Sinon, achetez un body ou une culotte taille haute, gainante elle aussi. Si vous voulez éviter cette dernière, préférez simplement des dessous en microfibre sans couture, avec un soutien-gorge qui galbera bien votre poitrine.

- Comment être sûre que ma robe ne bouge pas le jour J ? Si elle est décolletée et très fluide, le risque est de devoir passer votre journée à vérifier que tout reste en place et que rien n'est dévoilé. Mon astuce : l'adhésif spécial décolleté qui maintient la robe toute la journée.

Les autres tenues

Prévoyez une tenue pour le matin des préparatifs : une chemise blanche, une blouse en dentelle ou un kimono coloré. Elle doit bien évidemment être confortable et pratique pour ne pas abîmer votre coiffure et votre maquillage, mais aussi jolie et, éventuellement, assortie aux couleurs de votre journée. Vos photos n'en seront que plus réussies. Pour la nuit de noces, faites-vous plaisir ! Entre un shorty et un caraco en dentelle, un body ou une nuisette, vous trouverez certainement votre bonheur.

LA COIFFURE *et le maquillage*

Au moment de trouver la personne chargée de vous coiffer, gardez à l'esprit la femme que vous êtes (naturelle, glamour, sophistiquée...) et ce que vous recherchez (classique, rétro...).

Que vous soyez une mariée aux cheveux courts ou que vous rêviez de tresses bohèmes, vous trouverez de nombreuses idées de coiffures sur Pinterest.

COMMENT CHOISIR COIFFEUR ET MAQUILLEUR ?

Le choix n'est pas à faire à la légère ! En effet, vous remettez votre tête entre leurs mains, et le travail qu'ils réaliseront, vous le verrez toute votre vie sur vos photos.

Avant de signer un contrat, comme pour tout autre prestataire de votre mariage, il est donc primordial de regarder son travail et de discuter avec lui pour voir si le courant passe. N'hésitez pas à lui demander s'il lui sera également possible de maquiller et de coiffer vos témoins, demoiselles d'honneur ou mamans. Dans ce cas, le mieux est qu'il vienne accompagné d'une équipe pour ne pas empiéter sur le temps dédié à votre mise en beauté.

SOYEZ À L'ÉCOUTE TOUT EN RESTANT VOUS-MÊME

Si vous avez du mal à savoir quelle coiffure vous ira le mieux ou si vous n'avez pas l'habitude de manier les pinceaux, pas d'inquiétude ! Les personnes qui s'occuperont de vous vous conseilleront au mieux et vous aideront à vous révéler. Ils sauront en effet vous orienter vers ce qui vous va le mieux. Écoutez-les.

Attention, le jour de votre mariage est celui où vous devez être la plus belle, mais sans vous grimer ! Par exemple, inutile de porter des couleurs qui ne vous ressemblent pas.

LES ESSAIS

Réalisez vos essais de coiffure et de maquillage deux à trois mois avant le jour J, afin d'être certaine de vos envies et de vos choix.

Gardez en tête que vu seul, le maquillage semble souvent trop présent. Mais une fois la

Une mariée aux cheveux courts

La chevelure longue et dense, ce n'est pas vraiment vous ? Vous êtes plutôt coupe à la garçonne ou petit carré ? Si tel est le cas, vous avez sûrement été confrontée à la question fatidique de votre coiffeur : « Et vos cheveux, vous allez les laisser pousser ? » Et votre réponse a été bien évidemment négative, car le jour J, vous avez envie de vous ressembler et vous avez bien raison. À vous les bijoux de tête et autres accessoires (serre-tête, fleurs, bibi, voile ou voilette). Et sinon, pourquoi pas tête nue ?!

Mes conseils

- *Évitez tout changement radical de coiffure avant votre mariage.*
- *Vous prévoyez d'avoir une bouche bien rouge ? N'oubliez pas que vous allez embrasser monsieur ! Du noir sur les yeux ? Pensez que vous allez sûrement pleurer !*
- *Gardez en tête ces cinq règles pour un maquillage radieux : unifier le teint, sublimer le regard, structurer le visage, souligner la bouche, penser lumière (et non brillance !).*
- *N'oubliez pas le kit pour les retouches et des mouchoirs pour rattraper les éventuelles bavures.*

robe enfilée, il s'avère parfait, car tout est alors en harmonie.

Lors des essais, je vous conseille d'éloigner le futur marié. Les hommes préfèrent (en général) voir leur femme avec un maquillage léger. Si vous vous présentez à lui maquillée comme une mariée mais en jean/baskets, il risque de trouver cela excessif !

LE JOUR J

Au moment des préparatifs, détendez-vous, au calme, sous les doux mouvements des pinceaux ! C'est généralement le dernier moment après le grand tourbillon. Commencez par la coiffure et terminez avec le maquillage. Prévoyez au minimum deux heures de préparation.

Belle jusqu'au bout des ongles

Ongles naturels, french manucure, vernis colorés, tout est possible ! Protégez les ongles avec une base et terminez par une couche de top coat pour augmenter la tenue et apporter de la brillance.

On aime

THE REPORTHAIR

www.thereporthair.fr

BESOIN D'UNE MANUCURE À DOMICILE ?

Appelez Simone (www.simone.paris) pour une pose de vernis 7 j/7, de 7 h 30 à 22 h à Paris et en Île-de-France.

CHOISIR *son costume de marié*

QUAND COMMENCER LES RECHERCHES ?

Il est inutile de s'y prendre trop en avance, mais votre moitié ne doit pas attendre pour autant la dernière minute, car il aura bien d'autres préoccupations avant le mariage.

Le mieux est qu'il commence ses recherches six à huit mois avant le jour J en parcourant Internet pour définir quel style de coupe, quelle matière, quelle couleur l'inspirent le plus.

Pour un mariage en été, les essayages doivent débuter entre janvier et avril pour du sur-mesure, afin qu'il dispose de sa tenue au moins six semaines avant la cérémonie.

CONCERTEZ-VOUS

N'hésitez pas à donner votre avis pour confirmer ou non le choix de votre moitié. L'idée est qu'il trouve un costume en fonction de ses goûts, de sa silhouette, de l'ambiance de votre mariage – smoking et costume à carreaux en tweed ne se portent pas dans les mêmes circonstances ! – et surtout de votre robe de mariée.

ACCOMPAGNEZ-LE

On a toujours besoin d'un conseiller. Si votre moitié ne tient pas particulièrement à garder sa tenue secrète, proposez-lui de l'accompagner lors des essayages. Sinon, demandez à un de ses témoins de l'aider à choisir le costume idéal ; il doit sûrement le connaître par cœur.

L'essentiel est que le future marié ait confiance en ses choix et qu'il soit à l'aise le jour J dans un costume qui lui ressemble.

ET POUR LES ACCESSOIRES ?

Nœud papillon, cravate, pochette, bretelles, boutons de manchette, montre, etc., de beaux accessoires complètent à merveille une tenue. Le tout est de coller à l'ambiance et à l'esprit du mariage. Nœud papillon et bretelles pour une ambiance rétro et champêtre, ou belle cravate pour plus de sobriété ; cela dépend de ses goûts et de ses envies.

Attention, les accessoires doivent être visibles sans pour autant voler la vedette et attirer trop les regards.

Évidemment, le look sera complété par des chaussures adéquates. Des souliers en cuir s'accordent avec une tenue chic, tandis que des tennis dessinent une silhouette plus décontractée. Surtout, il doit penser à les porter régulièrement avant le grand jour pour qu'elles se fassent à son pied.

Enfin, une boutonnière fleurie piquée sur le revers de sa veste fera un joli rappel de votre bouquet de mariée.

Et côté budget ?

Comme pour votre robe de mariée, il est impératif de définir clairement votre budget afin d'éviter les mauvaises surprises ou que votre moitié ne craque pour un modèle hors budget. En prêt-à-porter, semi-mesure ou sur-mesure, il existe de très beaux costumes de marié à tous les prix.

DIY
Une boutonnière fleurie

LE MATÉRIEL

Quelques fleurs séchées (ou fraîches), un sécateur, du floratape, un support de boutonnière, du ruban.
Avec des fleurs fraîches, réalisez ce pas-à-pas la veille ou le matin de votre événement. Gardez les tiges un peu longues pour les conserver dans de l'eau. Il vous suffira de couper au dernier moment leur extrémité.

PAS-À-PAS

Coupez les fleurs et les feuillages à environ douze centimètres. Créez un petit bouquet en gardant sur l'arrière une partie plane. Ainsi, votre boutonnière reposera mieux sur la veste et ne se retournera pas.
Maintenez les tiges ensemble avec du floratape. Fixez le support de boutonnière avec ce même adhésif floral.
Recouvrez enfin d'un joli ruban.

CHOISIR *les alliances*

QUEL TYPE D'ALLIAGE ?

Pour les femmes, les alliages les plus classiques sont l'or blanc, le platine et l'or jaune. Certaines préféreront une alliance en or rose ; cet alliage confère douceur et féminité et il convient particulièrement à celles qui ont le teint clair.
Pour les hommes, l'or jaune, le platine et l'or noir sont les alliages les plus courants. Les deux premiers sont intemporels et très résistants ; le dernier apporte une touche masculine aux bijoux.
En ce qui concerne l'or, qu'il soit blanc, jaune ou rose, le titrage choisi sera généralement de 18 carats.
L'or est préféré à l'argent et au plaqué, car il est plus durable et nécessite moins d'entretien.

QUEL TYPE D'ANNEAU ?

En dehors des alliances ornées de pierres, il existe trois types d'anneaux, déclinables dans différentes tailles ou largeurs.

- Le jonc rond est un anneau parfaitement sphérique. Assez original et très élégant, il est prisé des connaisseurs en joaillerie car il est jugé particulièrement noble. Renvoyant à une certaine douceur, il convient particulièrement aux femmes. Toutefois, il est plus imposant que les autres types d'alliances.

- Le demi-jonc est un anneau rond dessus et plat côté doigt, ce qui lui confère un confort maximal. C'est le type d'alliance le plus populaire, car il est à la fois classique et intemporel. Il sied autant aux hommes qu'aux femmes, et les couples adoptent souvent le même modèle, en deux largeurs différentes.

- Le ruban est un anneau entièrement plat. Confortable et géométrique, il plaît particulièrement aux hommes. Certaines femmes l'apprécient également pour son style unisexe.

La morphologie de la main influence la taille de l'alliance. Si vous avez les doigts longs et effilés, préférez-la étroite. Avec des doigts plus épais, optez pour un modèle plus volumineux.

AVEC OU SANS PIERRES ?

L'alliance incrustée de pierres est en vogue ! En général, les diamants sont privilégiés, symboles d'éternité. Attention, ce type d'alliance est naturellement plus fragile – il est conseillé de l'enlever pour dormir – et nécessite un peu plus d'entretien. Pour un bijou plus discret, à porter en toute occasion, optez pour une alliance sans pierres.

UNE ALLIANCE ASSORTIE À SA BAGUE DE FIANÇAILLES ?

Tout est affaire de goûts !

Choisissez, par exemple, votre alliance dans le même métal que votre bague de fiançailles si vous souhaitez qu'elles s'accordent au mieux. Si votre bague de fiançailles est déjà très travaillée, optez pour une alliance dépourvue de pierres ou, au contraire, entièrement empierrée si vous êtes amoureuse de bijoux sertis.

Mais rien ne vous empêche d'adopter des styles très différents pour chacune et de porter, après le mariage, votre bague de fiançailles à la main droite.

AVEC OU SANS GRAVURE ?

Traditionnellement, les alliances sont gravées. Pour chacune, le texte reprend généralement le prénom du conjoint, suivi du sien et de la date de mariage.

Mais aujourd'hui, nombreux sont les couples qui préfèrent inscrire des mots qui font sens pour eux, et c'est encore plus beau !

Deux alliances identiques ?

Même s'ils se font plus rares aujourd'hui, certains couples préfèrent suivre la tradition et avoir au doigt la même alliance. Si vous êtes dans ce cas, achetez des anneaux de forme identique mais de largeur différente (généralement, plus large pour le marié) ou des alliances de même forme mais chacune dans un métal (le plus souvent, en or jaune pour l'homme et en or blanc pour la femme).

LES FAIRE-PART *de mariage*

À quelques mois du grand jour, il va falloir vous pencher sérieusement sur vos faire-part de mariage. Est-ce vous ou vos parents qui l'annoncez ? Le mot « église » s'écrit-il avec ou sans majuscule ? Pour le dîner, comment procède-t-on ? Etc. Autant de questions que l'on se pose au moment de rédiger les textes.

SOUS QUELLE FORME ?

Le faire-part est le carton qui annonce votre mariage, au sens strict du terme, sans forcément induire une invitation. C'est ce que l'on appelle le « faire-part de courtoisie ».
Si tous vos invités sont conviés à l'ensemble des moments de votre journée, le plus est simple est de réunir toutes les informations sur un seul et même carton. Sinon, scindez le faire-part en plusieurs, chaque carton ayant une destination bien particulière.

- Un carton pour l'invitation au cocktail.

- Un carton pour l'invitation au dîner. Dans la formulation traditionnelle, ce sont les mères des mariés qui invitent au dîner, mais vous pouvez bien entendu opter pour une tournure moins conventionnelle.

- Un carton pour l'invitation au brunch le lendemain du mariage (ou « retour de noces »).

- Un carton pour le RSVP. Il permet à vos invités de vous informer par courrier de leur présence le jour J. Notez-y éventuellement une date butoir de réponse, généralement un mois avant le mariage. Vous pouvez aussi leur demander de préciser le nombre de personnes présentes, leurs préférences alimentaires ou éventuels régimes (végétarien, hallal, casher, sans gluten...) et, pourquoi pas, leurs morceaux de musique favoris.

- Pour faciliter les réponses, ajoutez une enveloppe assortie au faire-part, prétimbrée et mentionnant votre adresse, afin que les invités n'aient plus qu'à la poster pour vous répondre.

Sachez que peu d'invités renvoient ce carton... Vous devrez probablement courir après les réponses de vos convives, RSVP ou pas !

QUELLE FORMULATION ADOPTER ?

Pour un mariage traditionnel, dans lequel vos parents sont impliqués (que ce soit financièrement ou socialement), la tradition veut que ce soit eux qui annoncent le mariage. En cas de parents séparés, il suffit de placer leurs noms sur deux lignes distinctes, le nom de la mère figurant en premier. Si c'est l'usage dans votre famille, il est bienvenu d'intégrer les éventuels titres honorifiques.
Pour un faire-part de mariage moins conventionnel mais tout de même classique dans sa formulation, préférez la tournure « entourés de leurs parents », associant ainsi de façon plus légère vos familles à l'annonce de votre mariage.
Évidemment, rien ne vous oblige à mentionner vos parents !
Pour rédiger votre texte, allez toujours au plus simple, évitez les tournures alambiquées ou pseudo-humoristiques, totalement inutiles.

Prenez garde à l'orthographe !

Ce serait dommage de laisser passer une coquille. Relisez-vous et faites-vous relire ! Par exemple, on écrit « en l'église » et non « à l'église ».

LES INFORMATIONS UTILES

Sur un carton distinct (ou via un lien vers votre site Internet), fournissez les informations importantes à vos invités pour le jour J afin qu'ils puissent s'organiser au mieux : un joli plan pour accéder au lieu de réception, une liste d'hôtels à proximité, le dress-code éventuel, un carnet regroupant les choses à voir dans la région... Laissez parler votre imagination !

Attention, la liste de mariage ne doit pas être mentionnée sur le faire-part. En revanche, vous pouvez indiquer le lien vers votre site Internet ou votre blog, où vos invités pourront y retrouver tout un tas d'informations

COMBIEN DE FAIRE-PART PRÉVOIR ?

Comptez une invitation par couple ou par famille. Mais n'oubliez pas d'en prévoir un peu plus (environ 5 % supplémentaires).

QUAND ENVOYER LES FAIRE-PART ?

Les faire-part doivent être envoyés entre deux et trois mois avant le mariage (quatre pour un mariage en plein été ou lors d'un week-end avec un jour férié). Pas avant ! En effet, votre mariage n'est pas forcément l'événement de l'année pour vos convives, inutile pour eux d'être prévenus six mois à l'avance.

En revanche, pour permettre à ceux qui viennent de loin de réserver un billet d'avion ou de train, ou simplement pour poser un jour de congé, envoyez au préalable un « save the date » afin qu'ils notent la date sur leur agenda.

En multipliant les cartons et avec tous les accessoires, le poids de votre faire-part peut vite augmenter. N'oubliez pas de le prendre en compte pour le calcul de vos frais d'envoi, afin d'être certaine d'appliquer le bon affranchissement.

QUID DES ENFANTS ?

Si vous ne souhaitez pas convier d'enfants à votre mariage, précisez-le le plus tôt possible, de façon diplomate et à l'oral, aux invités concernés. Mentionnez également sur votre site Internet que le lieu choisi n'est pas approprié pour les petits par exemple, et chargez quelques personnes bien choisies (comme vos parents ou vos témoins) de passer le message aux autres convives.

ET LES REMERCIEMENTS ?

Préparez vos cartons de remerciements en même temps que vos faire-part. Vous n'aurez ainsi plus à y penser après le mariage !

© Chloé Lapeyssonnie

EXEMPLES *de textes*

FAIRE-PART POUR UN MARIAGE TRADITIONNEL

Monsieur et Madame Henri Geoffroy
Madame Isabelle de Bussy
et
Monsieur le Professeur Charles Delaunay

ont la joie de vous faire part du mariage de leurs enfants
Garance & Antoine

célébré le samedi
16 septembre 2018
en l'église Notre-Dame-des-Fleurs
à quinze heures trente
Paris – VIe arrondissement.

Un cocktail sera servi après la cérémonie
au domaine des Bleuets.

CARTON D'INVITATION À DÎNER POUR UN MARIAGE TRADITIONNEL

Madame Élisabeth Geoffroy
et
Madame Isabelle de Bussy

seront heureuses de vous compter parmi leurs invités
à l'occasion du dîner

servi à partir de vingt heures
au domaine des Bleuets.

Entourés de leurs parents,

Betsabé & Mathieu

sont heureux de vous convier
à leur mariage, qui sera célébré

le 7 juillet 2018 à 15 heures
à la mairie du XIe arrondissement de Paris.

À l'issue de la cérémonie,
les familles auront le plaisir de vous accueillir pour un cocktail
servi au café des Églantines
142, rue des Bluets – 75011 Paris.

TOUT SAVOIR
sur la liste de mariage

Pour éviter de recevoir quatre carafes en cristal et six services à café, mieux vaut créer une liste de mariage !
Mobilier, vaisselle, linge de maison, excursions choisies lors de votre voyage de noces, vin ou encore bijoux, il est possible d'inscrire tout ce qu'il vous plaît afin que cette liste vous ressemble.
Veillez à proposer des cadeaux pour tous les budgets pour contenter l'ensemble de vos invités et ne mettre personne mal à l'aise.

QU'EST-CE QU'UNE LISTE DE MARIAGE ?

C'est un inventaire de cadeaux, physiques ou dématérialisés, transmis à vos invités pour permettre à ceux qui le souhaitent de vous offrir un présent à l'occasion de votre union.
Vous récupérez ensuite soit les cadeaux, soit le montant de leur valeur sur la liste, que vous pourrez dépenser à votre guise.
Il existe plusieurs types de listes de mariage.

- En magasin. Vos invités pourront s'y rendre directement pour choisir le cadeau qu'ils souhaitent vous offrir. Problème, si certains vivent à l'étranger, ce sera difficile pour eux de se déplacer.

- En ligne. Ce type de liste propose différentes options de collecte de cadeaux. Quand elle est virtuelle, le montant global des dons est directement versé sur votre compte bancaire personnel, moyennant un pourcentage de commission.

- Sous forme d'une carte de paiement ou encore d'un compte bancaire. Cela facilite vos achats et leur suivi. Le principe ? Vous pouvez, par exemple, sélectionner vos objets et produits préférés au sein de boutiques partenaires, et après le mariage, vous effectuez vos achats dans ces enseignes en bénéficiant de remises, avec la carte de paiement dédiée à votre liste.

- En sélectionnant librement les objets sur la liste. Une fois les dons collectés auprès de vos invités, vous reversez (partiellement ou en totalité) le montant reçu dans la banque partenaire de votre choix qui réglera, pour vous, la commission appliquée sur la liste.

QUAND OUVRIR SA LISTE DE MARIAGE ?

Pour préparer votre liste de mariage en toute sérénité, commencez environ quatre mois avant le jour J et prenez le temps de consulter les différentes offres. L'idéal est de la proposer juste après l'envoi de vos faire-part, pour laisser le temps à vos invités de choisir LE cadeau qu'ils aimeront vraiment vous offrir.
Et n'hésitez pas à la laisser en ligne après votre mariage pour les éventuels retardataires.

À consulter

Pour votre liste de mariage, n'hésitez pas à faire un tour sur les sites Internet 1001 listes, Ameliste, Petit mariage entre amis et Printemps Mariage.

COMMENT PARTAGER SA LISTE DE MARIAGE ?

Pour une liste de mariage traditionnelle en magasin, il vous suffit de communiquer le nom de l'enseigne à vos invités.

Si elle est en ligne, vous n'aurez qu'à partager, avec ceux qui vous la demanderont, son adresse Internet personnalisée par e-mail ou via le blog de votre mariage. C'est l'option la plus souple, de plus en plus retenue par les couples.

On l'a vu, une seule règle cependant : ne mentionnez pas votre liste de mariage sur le faire-part.

LES REMERCIEMENTS

Grâce à la liste de mariage, les invités participent à leur manière à votre journée et peut-être même à l'installation de votre nouveau foyer. Alors n'oubliez pas de les remercier, c'est la moindre des choses !

Pour éviter erreur ou oubli, envoyez une petite carte de remerciements au fur et à mesure des dons reçus.

Le jour J

Certains de vos invités préféreront vous offrir le jour de votre mariage une enveloppe ou un cadeau hors de votre liste. N'oubliez donc pas de prévoir, sur la table de votre livre d'or par exemple, un peu de place et quelques cartes et enveloppes, des stylos et une jolie boîte qui servira d'urne pour réceptionner les présents.

RÉUSSIR *son plan de table*

C'est une des dernières étapes des préparatifs, et avouons-le, ce n'est pas forcément la plus simple ! Si vous avez décidé d'organiser un dîner placé, voici quelques astuces pour traverser ce moment sans encombre.

Pour vous aider à concevoir votre plan de table, il existe des logiciels comme PlaceYourGuests, Tablerrr ou encore WeddingWire.

NE VOUS Y PRENEZ PAS TROP EN AVANCE

Inutile de compliquer les choses en débutant votre plan de table trop en avance. D'expérience, sachez que certains de vos invités se décommanderont même quelques jours avant le mariage.

Le plus simple est de concevoir un premier fichier (à vous les tableaux Excel !) et de rédiger un plan de table provisoire le mois précédant la réception, après avoir reçu les réponses à vos invitations. Validez la version définitive de votre plan de table une semaine seulement avant le jour J.

Sachez accueillir l'imprévu !

Une grand-tante qui décommande au dernier moment, une personne oubliée sur le dernier comptage, le petit ami de votre cousine qui arrive à l'improviste, votre plan de table s'en trouvera sûrement un peu modifié, mais votre traiteur (ou votre wedding planner) sera là pour gérer la situation.

DÎNER PLACÉ PAR INVITÉ OU PAR TABLE ?

Demandez-vous si vous souhaitez attribuer à vos invités seulement une table ou plutôt une place. La seconde option est plus fastidieuse à mettre en œuvre, mais vous pourrez ainsi contrôler qui sera assis à côté de chacun.

DÉLÉGUEZ CERTAINES TABLES

Si vos parents ou ceux de votre conjoint ont invité certains de leurs proches, n'hésitez pas à leur demander de l'aide pour qu'ils se chargent du plan de ces tables. En plus de vous faciliter la tâche, vous éviterez peut-être de fâcheux impairs !

Cependant, veillez à ne pas impliquer trop de monde dans la conception de votre plan de table, au risque de devoir composer avec beaucoup d'avis contraires.

COMMENT PROCÉDER ?

→ Placez toujours au moins deux personnes qui se connaissent autour de chaque table. Cela évitera à certains convives de se retrouver seuls au monde sans avoir personne à qui parler.

→ N'hésitez pas à mélanger vos familles pour favoriser les échanges et éviter les clans, tout en tenant compte des situations personnelles comme les divorces ou les incompatibilités notoires de caractère.

→ Regroupez vos convives par âges ou par centres d'intérêt. Mais ne placez pas toutes les personnes âgées dans un coin de la salle pour ne pas qu'elles se sentent à l'écart, ou à côté d'une enceinte au risque de les faire fuir à cause du bruit.

9

trouvez votre place

Chloé Lapeyssonnie

- Si certains convives viennent de l'étranger, asseyez-les à côté d'autres personnes parlant la même langue ou au moins l'anglais !

- Rassemblez quelques célibataires à une même table, mais ne forcez pas le côté entremetteur au risque de mettre les personnes mal à l'aise.

À vous de voir ensuite si vous privilégiez les numéros ou les noms de tables – dans ce cas, ils ne doivent pas être trop compliqués à retenir. Il n'y a pas de règle établie ! De la même manière, choisissez la forme des tables : rondes ou rectangulaires. Là encore, c'est surtout une question de goût, car l'une n'est pas moins conviviale que l'autre. Sachez néanmoins que sur une très grande table ronde (plus de 150 cm de diamètre), il sera difficile de parler à son voisin d'en face.

OÙ VOUS ASSEOIR ?

Où vous voulez ! Souvent, une table d'honneur est réservée aux mariés et à leurs proches. Un peu plus grande que les autres pour y accueillir les témoins et leurs conjoints, elle peut aussi y mêler vos amis les plus proches ou vos parents.

Pour ma part, j'apprécie moins l'idée d'une table réservée aux mariés. Vous avez tout le temps de profiter l'un de l'autre, alors pourquoi vous isoler pendant le dîner ?
La règle d'or concernant la table d'honneur est de la placer au milieu de la salle, de façon à voir tous vos invités, et de disposer les tables de vos parents à proximité immédiate de la vôtre.

OÙ AFFICHER VOTRE PLAN DE TABLE ?

Si tous les convives invités au cocktail le sont également au dîner, disposez-le à ce moment-là. Placez-le dans un endroit facile d'accès et suffisamment éclairé afin que chacun puisse se repérer aisément, par exemple à l'entrée de la salle.
Rendez-vous page 154 pour touver un exemple de plan de table de votre mariage.

Quid des enfants ?

Souvent, les enfants en dessous de dix ans dînent ensemble, durant le cocktail, avec les baby-sitters. Ne placez pas un adolescent seul à la table des plus petits, mais plutôt à une table de jeunes adultes.

OCCUPER *les enfants le jour J*

Lorsqu'on organise un mariage, la question des enfants se pose assez vite. Deux solutions s'offrent à vous : soit vous demandez aux parents de venir sans leurs bambins, invoquant des raisons d'organisation ou de sécurité sur le lieu de réception – mais cette option peut être assez mal perçue par certaines familles, même si souvent les parents, bien contents de profiter pleinement d'un mariage, optent d'eux-mêmes pour les faire garder et venir seuls –, soit vous les conviez à la fête. Dans ce cas, vous devrez vous organiser et peut-être même prévoir des baby-sitters et de quoi les amuser.

RÉSERVEZ UN (OU DES) BABY-SITTER(S)

Si seulement trois ou quatre enfants sont prévus au mariage, nul besoin de vous lancer dans la recherche d'un baby-sitter ! En revanche, si ce nombre est bien plus important, je ne saurais que trop vous recommander de faire appel à son service pour que chacun, petit ou grand, puisse profiter pleinement de la journée. D'ailleurs, certains lieux de réception vous imposeront de vous adresser à du personnel qualifié pour des raisons d'assurances et pour éviter tout risque (par exemple s'il y a une piscine, un plan d'eau...). Adressez-vous au responsable du lieu de réception ; il saura certainement vous conseiller des personnes ayant l'habitude de travailler avec lui. Attention cependant à vous assurer du sérieux de l'équipe. Contactez les crèches, MJC et centres de loisirs locaux, ou vos amis et membres de la famille originaires de la région ; ils connaîtront peut-être de jeunes adultes à vous recommander. Sinon, faites appel à des services spécialisés, comme La Compagnie des Familles, Babychou, ou encore Jolis Kids.
Combien faut-il prévoir de baby-sitters ? Tout dépend de l'âge des enfants. On compte en général un animateur pour deux bébés de 0 à 1 an, pour trois enfants entre 1 et 3 ans et pour huit enfants de 3 à 12 ans.

Et côté budget ?

Tout dépend du baby-sitter. Comptez en général entre huit et dix euros de l'heure, mais cela peut aller jusqu'à trente euros dans le cas d'animateurs aguerris qui proposeront de nombreuses activités aux enfants. Le plus pratique est de les réserver entre 18 h 30 et 2/3 heures du matin. Ils feront ainsi connaissance des enfants un peu avant le dîner et permettront aux parents de bien profiter de la soirée.

PRÉPAREZ-LEUR UN COIN DÉDIÉ

Votre lieu de réception dispose certainement d'une pièce dédiée aux enfants, un peu à l'écart de la salle du dîner mais pas trop loin non plus pour que les parents puissent tout de même jeter régulièrement un œil sur eux.
Disposez des coussins, des plaids, des jeux de société, et n'oubliez pas de demander aux parents de prévoir les doudous, les sacs de change et les lits parapluie pour les plus petits.

QUE PRÉVOIR POUR LE DÎNER ?

Tout dépend de leur âge et de leur nombre.

- S'il n'y a que quelques enfants entre 6 et 12 ans, dressez-leur une table spéciale dans la même salle que les autres invités. Votre traiteur pourra envisager soit le même repas que les « grands », soit une version un peu réduite, et tout le monde mangera en même temps.

- S'ils sont plusieurs à avoir plus de 12 ans, prévoyez une table d'adolescents ou placez-les avec les adultes. Souvenez-vous de votre jeunesse et épargnez aux jeunes la table des petits !

- S'il y a peu d'enfants en bas âge (de 0 à 10 ans), servez-leur le dîner pendant le cocktail sur une table dressée spécialement pour eux. Inutile de servir le même menu que pour les grands ; ils ne mangeraient certainement rien. Votre traiteur pourra vous proposer un menu enfants ; sinon optez pour un mini-buffet (avec tomates cerises, melon, petites quiches, bâtonnets de carottes et de concombre à tremper, charcuterie, fromage et fruits...) – les enfants adorent picorer.

FAITES-LES PARTICIPER

Les enfants aiment participer. Profitez-en ! Ils seront ravis de jouer les princesses ou les princes au sein de votre cortège, d'être chargés d'apporter les alliances, de distribuer les confettis, de faire les bulles de savon pour votre cérémonie ou de faire l'appel pour le passage à table.
Déléguez simplement la gestion des enfants à l'un ou l'autre de vos témoins, histoire de bien cadrer votre équipe de petits assistants.

DES IDÉES D'ANIMATIONS

- Un bar à tatouages éphémères. Les enfants adorent parer leur peau de décalcomanies, alors préparez une boîte remplie de mini-tatouages temporaires (achetez-les en planches et découpez-les en avance) et d'une éponge humide.

- Une chasse au trésor. Rien de tel pour occuper les enfants que de leur confier une mission. La chasse au trésor récolte toujours tous les suffrages !

- Des coloriages. C'est une activité qui fonctionne à tous les coups. Préparez de grands pots remplis de crayons de couleur (évitez les feutres afin de ne pas salir leurs jolies tenues et qu'ils ne gribouillent pas sur les murs de la salle), des feuilles de papier, ou même un rouleau géant pour réaliser une fresque commune.

- Une séance de cinéma. Un rétroprojecteur et un grand drap blanc, ou à défaut une télévision, un classique de Disney, du popcorn, quelques plaids et des coussins posés sur sol, et vous gagnerez un peu plus d'une heure de tranquillité.

- Des jeux de société. Préparez quelques classiques (puzzles, Puissance 4, Monopoly, jeu de dames...) pour occuper les enfants dans un moment un peu plus calme de la soirée, alors que certains seront déjà sûrement en train de dormir.

- Une lecture de contes lus par les baby-sitters. Surtout pour les petits de 3 à 6 ans qui raffolent des histoires.

- Une soirée déguisée. Demandez aux parents d'apporter un déguisement et prévoyez du maquillage spécial enfants. Succès garanti pour les petits !

- Une mini-fête foraine. Prévoyez machine à barbes à papa, bonbons colorés, pêche aux canards, chamboule-tout, course en sac. Nul doute que les enfants seront ravis de la fête avec toutes ces animations !

On aime

POUR LES TATOUAGES

BERNARD FOREVER

https://bernardforever.fr/

TATTYOO

www.tattyoo.com/

TATTLY

https://tattly.com/

POUR LA CHASSE AU TRÉSOR

HAPPY KITS

Téléchargez leurs kits de chasse au trésor et personnalisez-les.

www.happykits.fr/19-chasse-au-tresor-enfant

© Pinewood Weddings

LE MARIAGE
CÔTÉ DÉCORATION

Si vous débutez les préparatifs de votre mariage, vous vous posez sûrement mille questions à propos du ton à donner à cette journée si particulière, espérant généralement trouver les réponses sur le Web. Malheureusement, la profusion d'idées et d'images présentes sur Pinterest et autres blogs ne vous aidera pas, le plus souvent, à faire le tri dans vos envies.
Pour que cette journée soit unique et vous ressemble, je vous propose astuces et idées déco pour vous aider à définir le style de votre mariage.

CHOISIR *l'ambiance de son mariage*

Vous et votre histoire devez être le point de départ de votre réflexion afin que votre mariage soit le plus personnel possible. Êtes-vous des gens discrets ou exubérants ? Plutôt adeptes du brunch du dimanche matin en famille ou de la fête jusqu'au bout de la nuit ? Préférez-vous la ville ou la campagne ? Êtes-vous plutôt grande tablée ou petit comité ? Ces premières pistes vous donneront une idée du type de lieu où célébrer votre mariage et dessineront les contours de la future décoration et de l'ambiance générale. En voici d'autres.

OÙ SOUHAITEZ-VOUS VOUS MARIER ?

Le lieu de réception joue un rôle majeur dans le choix de la future décoration. Préféreriez-vous un lieu arty, alternatif et original ? Un château romantique, une grange rustique, un restaurant cosy ou une paillote sur la plage ?
L'endroit où vous vivez et les régions d'où vous êtes originaires pourront également vous aiguiller pour la déco.

AVEZ-VOUS REPÉRÉ VOS TENUES ?

La robe de mariée que vous imaginez porter vous aiguillera pour esquisser l'atmosphère générale. Par exemple, vous rêvez d'une robe en dentelle bohème ou romantique ? Préférez dans ce cas un mariage plus champêtre qu'urbain.

DÉFINISSEZ LES COULEURS DE VOTRE MARIAGE

Partez du lieu de réception pour imaginer les couleurs de votre mariage afin que tout soit cohérent et en harmonie. Inspirez-vous également des teintes et des fleurs que vous aimez par exemple.
Pour obtenir un résultat subtil tout en nuances, je vous conseille de travailler en camaïeu.

Et les convives ?

Ils sont également à prendre en compte. Quel sera leur nombre ? Qui sont-ils ? Réunissez-vous l'ensemble de vos deux familles et plusieurs générations ? Invitez-vous beaucoup d'amis ? De votre âge ou plus âgés ? Sont-ils du genre à danser jusqu'au lever du soleil ou, au contraire, plutôt couche-tôt ? Etc. En répondant à toutes ces questions, vous pourrez vous rendre compte de la compatibilité entre votre lieu idéal et vos convives.

ET SEMER LE BONHEUR...

Les tableaux d'inspiration

Pour conserver une ligne directrice tout au long de vos préparatifs mais aussi pour mieux communiquer avec l'ensemble de vos prestataires déco, n'hésitez pas à réaliser votre propre tableau d'inspiration (ou moodboard) en collectant des photos (de textures, de couleurs, d'ambiances...) sur Pinterest par exemple. Sinon, annotez un simple carnet de vos idées et envies pour cette journée.

© Chloé Lapeyssonnie

VAISSELLE ET MOBILIER

De la même façon qu'il influence le style et les couleurs de votre journée, votre lieu de réception joue un rôle dans la conception du décor des tables et dans la sélection du mobilier afin que l'ensemble dégage une belle harmonie.

- Les chaises. Des chaises square ou Trocadéro seront parfaites pour un mariage à l'esprit garden-party ; des chaises Napoléon seront plus adaptées à une réception élégante ; des Saint-Rémy donneront le ton pour un mariage campagne chic ; des assises cristal mettront en valeur une ambiance contemporaine, etc.

- Tables rondes ou rectangulaires, à vous de voir ! Si vous avez la chance d'avoir de belles tables en bois et que vous souhaitez mettre en valeur l'esprit cosy et authentique de votre journée, oubliez les nappes et laissez apparaître la matière. Sinon, arrangez un joli chemin de table.

- Si vous optez pour des tables rondes, pensez à les napper pour que le rendu soit élégant – la nappe doit couvrir toute la hauteur et descendre jusqu'aux pieds. Côté matière, un coton blanc s'adaptera à de nombreuses ambiances. Je lui préfère néanmoins le lin, naturel ou teinté, qui a plus de cachet – choisissez une couleur en accord votre journée. Pour les serviettes, là aussi, n'hésitez pas à les assortir à vos couleurs, pour donner du style et du relief à vos tables.

- La vaisselle et les verres. Amusez-vous et sortez de la traditionnelle combinaison assiettes blanches/verres à pied/couverts métallisés. Par exemple, dressez une table avec de la vaisselle ancienne dépareillée et disposez des verres originaux, éventuellement colorés.

On aime

OPTIONS

www.options.fr

VAISSELLE VINTAGE

www.vaissellevintage.com

LA DÉCORATION *florale*

Je l'ai déjà dit, les fleurs suffisent souvent au décor. C'est pourquoi vous devez apporter un soin tout particulier à la décoration florale de votre salle de réception.

Pour en savoir plus sur le budget alloué aux fleurs, rendez-vous en page 19.

AIGUILLEZ LE FLEURISTE

Fournissez à votre fleuriste une liste de vos fleurs préférées après vous être assuré qu'elles seront de saison (consultez le calendrier des fleurs pages suivantes). Il pourra ensuite les travailler en fonction de vos envies en matière de couleurs et de style.

Mais gardez en tête que les compositions des fleuristes dépendent des arrivages de leurs grossistes. Le jour où il ira acheter vos fleurs, il n'est donc pas certains que celles que vous avez sélectionnées ensemble soient aussi belles que prévu ou même disponibles. Il faudra donc qu'il compose avec ce qu'il trouve. Le mieux est donc de lui fournir une base de travail et de le laisser broder autour en fonction du marché.

MÉLANGEZ LES TAILLES DES FLEURS

Il n'y a pas mieux pour donner du relief aux compositions. Par exemple, les grosses fleurs, les roses David Austin, les pivoines ou les dahlias gagneront en subtilité si vous les associez à des scabieuses, des baies ou de l'astrance.

MISEZ SUR LES FEUILLAGES

Je les adore ! Ils sont parfaits pour donner de la nuance et créer du mouvement aux bouquets. Eucalyptus, cinéraire argenté, oreilles d'ours, graminées, succulentes, mais aussi branchages comme le charme ou le chêne, pourquoi pas ? Et n'oubliez pas les baies qui apporteront beaucoup de personnalité à vos compositions.

ATTENTION AU DIY

Si, pour des raisons de budget trop serré ou simplement parce que vous avez envie de vous investir entièrement dans la décoration de votre mariage, vous avez décidé de réaliser vous-même vos compositions florales, je n'aurais qu'un conseil à vous donner : ne vous y prenez pas à la dernière minute.

Élaborer un bouquet de mariée, huit boutonnières, trois couronnes de fleurs pour les demoiselles d'honneur, seize bouts de bancs pour l'église, dix compositions pour le cocktail et dix-sept centres de tables, cela prend du temps ! Par exemple, la dernière fois que j'ai dû m'y atteler, il m'a fallu un peu plus de six heures entre l'achat et la réalisation, et pourtant je commence à avoir la main ! Vous aurez sûrement d'autres choses à faire la veille de votre mariage...

Mon conseil

Certaines fleurs coûtent plus cher que d'autres (comme les pivoines). Si, pour des questions de budget, vous devez limiter un peu l'enveloppe consacrée à ce poste, garnissez généreusement votre bouquet avec vos fleurs préférées (toujours les pivoines par exemple !) et un peu moins les tables. Dans ce cas, associez-les à des hortensias. Effet garanti !

© Capyture

LES CENTRES DE TABLES

- Fleurissez les tables avec un petit bouquet rond, pas trop strict pour garder un peu d'ampleur, et jouez avec le contenant, en verre, en porcelaine, en grès ou en béton.

- Misez sur des fleurs volumineuses pour densifier la composition et occuper plus d'espace à moindre frais.

- Optez pour un centre de table composé de plantes – que vous pourrez même faire pousser vous-même – si vous disposez d'un petit budget (comptez alors moins de vingt euros le centre de table) ou que vous êtes réfractaire aux fleurs coupées.

Que pensez-vous d'un centre de table à offrir ou à replanter dans votre jardin ?

- Pour donner de la personnalité à votre décor, ajoutez quelques éléments à vos compositions, comme des objets chinés, des baies ou des fruits.

Attention, comme cela a déjà été évoqué, veillez à ne pas surcharger les tables. Vos convives doivent pouvoir se voir et discuter sans qu'un bouquet de fleurs ne fasse barrage – dans l'idéal, sa hauteur ne doit donc pas excéder une trentaine de centimètres. Gardez également de la place pour les bouteilles d'eau et de vin.

Détournez !

Pour vos centres de tables, il est tout à fait possible de se passer du traditionnel vase cylindrique transparent. Pourquoi ne pas opter pour des bouteilles en verre dépareillées et de différentes tailles (chinées ou non), et dont les couleurs seront assorties à votre journée ?

CALENDRIER *des fleurs*

JANVIER	
alstroemeria	amni
anémone	aster
bouvardia	camélia
chardon	chrysanthème
freesia	gypsophile
hellébore	hypericum
jacinthe	jasmin
jonquille	leucospermum
lisianthus	muscari
myosotis	narcisse
nérine	orchidée
ornithogalum	phlox
protea	renoncule
rose	skimmia
tulipe	trachelium
wax	

FÉVRIER	
alstroemeria	amni
anémone	aster
bouvardia	camélia
chardon	chrysanthème
freesia	gypsophile
hellébore	hypericum
jacinthe	jasmin
jonquille	leucospermum
lilas	lisianthus
mimosa	muscari
myosotis	narcisse
nérine	orchidée
ornithogalum	phlox
prunus	protea
renoncule	rose
skimmia	tulipe
trachelium	viburnum
wax	

MARS	
alstroemeria	amni
anémone	aster
astrance	bouvardia
camélia	chardon
chrysanthème	dille
freesia	giroflée
gypsophile	hellébore
hypericum	jacinthe
jasmin	jonquille
leucospermum	lilas
lisianthus	mimosa
muscari	myosotis
narcisse	nérine
orchidée	ornithogalum
pensée	pois de senteur
phlox	prunus
protea	renoncule
rose	scabieuse
tulipe	trachelium
véronique	viburnum
violette	wax

AVRIL	
achillée	alstroemeria
amni	ancolie
aster	astrance
bouvardia	camélia
célosie	chardon
chrysanthème	craspédia
dille	freesia
giroflée	gypsophile
hortensia	hypericum
jacinthe	jasmin
jonquille	leucospermum
lilas	lisianthus
muguet	myosotis
narcisse	orchidée
ornithogalum	pivoine
pois de senteur	phlox
prunus	renoncule
rose	scabieuse
tulipe	trachelium
véronique	viburnum
violette	wax

MAI	
achillée	allium
alstroemeria	amni
ancolie	amaranthe
aster	astilbe
astrance	bleuet
bouvardia	camélia
campanule	célosie
chardon	chèvrefeuille
chrysanthème	craspédia
dille	eremurus
freesia	giroflée
gypsophile	hortensia
hypericum	jasmin
leucospermum	lilas
lisianthus	lupin
muguet	nigelle de Damas
orchidée	ornithogalum
pivoine	pois de senteur
phlox	prunus
rose	scabieuse
trachelium	véronique
viburnum	wax
zinnia	

JUIN	
achillée	allium
alstroemeria	amni
ancolie	amaranthe
aster	astilbe
astrance	bleuet
bouvardia	campanule
célosie	chardon
chèvrefeuille	chrysanthème
craspédia	dille
eremurus	freesia
gentiane	giroflée
gypsophile	hortensia
hypericum	lavande
leucospermum	lisianthus
lupin	nigelle de Damas
orchidée	ornithogalum
pivoine	pois de senteur
phlox	rose
scabieuse	symphorine
trachelium	véronique
wax	zinnia

JUILLET	
achillée	allium
alstroemeria	amni
ancolie	amaranthe
aster	astilbe
astrance	bleuet
boule azurée	bouvardia
campanule	célosie
chardon	chèvrefeuille
chrysanthème	cosmos
craspédia	dahlia
dille	eremurus
freesia	gentiane
giroflée	gypsophile
hortensia	hypericum
lavande	leucospermum
lisianthus	lupin
nérine	nigelle de Damas
orchidée	ornithogalum
pois de senteur	phlox
rose	scabieuse
symphorine	trachelium
véronique	wax
zinnia	

AOÛT	
achillée	allium
alstroemeria	amni
ancolie	amaranthe
aster	astilbe
astrance	boule azurée
bouvardia	campanule
célosie	chardon
chèvrefeuille	chrysanthème
cosmos	craspédia
dahlia	dille
freesia	gentiane
giroflée	gypsophile
hortensia	hypericum
lavande	leucospermum
lisianthus	lupin
nérine	nigelle de Damas
orchidée	ornithogalum
pois de senteur	phlox
rose	scabieuse
symphorine	trachelium
véronique	wax
zinnia	

SEPTEMBRE	
achillée	alstroemeria
amaranthe	aster
astilbe	astrance
boule azurée	bouvardia
campanule	célosie
chardon	chèvrefeuille
chrysanthème	cosmos
craspédia	dahlia
dille	freesia
gentiane	giroflée
gypsophile	hortensia
hypericum	lavande
leucospermum	lisianthus
nérine	nigelle de damas
orchidée	ornithogalum
phlox	rose
scabieuse	symphorine
trachelium	véronique
wax	

OCTOBRE	
achillée	alstroemeria
amaranthe	aster
astilbe	bouvardia
célosie	chardon
chrysanthème	cosmos
craspédia	dahlia
freesia	giroflée
gypsophile	hellébore
hortensia	hypericum
leucospermum	lisianthus
nérine	orchidée
ornithogalum	phlox
rose	symphorine
skimmia	trachelium
véronique	wax

NOVEMBRE	
alstroemeria	anémone
amaranthe	aster
bouvardia	célosie
chardon	chrysanthème
freesia	gypsophile
hellébore	hypericum
leucospermum	lisianthus
nérine	orchidée
ornithogalum	phlox
renoncule	rose
skimmia	trachelium
wax	

DÉCEMBRE	
alstroemeria	amni
anémone	aster
bouvardia	chardon
chrysanthème	freesia
gypsophile	hellébore
hypericum	jacinthe
leucospermum	lisianthus
nérine	orchidée
ornithogalum	phlox
protea	renoncule
rose	skimmia
tulipe	trachelium
wax	

© Pinewood Weddings

MISEZ TOUT SUR LE BOUQUET !

Votre bouquet de mariée s'affichera sur de nombreuses photos de votre mariage. Le choisir ne se fait donc pas à la légère, d'autant plus si vous êtes une amoureuse des plantes. Voici quelques conseils pour vous aider dans votre quête du bouquet idéal.

Pour dénicher de jolies idées, rendez-vous sur mon tableau Pinterest dédié ; il compte plus de 800 bouquets ! www.pinterest.fr/lmapn/

- Votre bouquet doit parfaitement mettre en valeur la silhouette de votre robe et en souligner les détails sans la camoufler. Le mieux est de venir avec une photo de votre tenue lorsque vous rencontrez votre fleuriste.

- Il doit être en harmonie avec l'ambiance de votre journée, car il donne le ton de votre mariage. Sauvage et naturel pour un mariage bohème, plus structuré pour une journée plus urbaine, etc.

- Misez sur des fleurs de saison (voir page 100).

- N'oubliez pas que lorsqu'il s'agit de composer autour d'une seule couleur, la clé réside dans le camaïeu. Votre bouquet sera bien plus beau et subtil dans une déclinaison de roses ou de bleus que dans une seule nuance.

Ajoutez des feuillages pour apporter du caractère à votre bouquet.

- Adoptez une fleur qui vous est chère ou ajoutez un détail qui a pour vous une signification particulière afin que votre bouquet soit plus personnel. Par exemple, fixez une broche qui appartenait à votre grand-mère préférée ou entourez-le d'un morceau de traîne de la robe de mariée de votre mère.

Mes conseils

Le jour J, face au stress, votre bouquet vous donnera sûrement une certaine contenance. En effet, souvent, les mariées aiment pouvoir s'accrocher à lui pour avancer. Attention cependant à ne pas le tenir trop fermement, au risque de paraître crispée sur les clichés !

Commandez une « doublure » si vous souhaitez garder votre bouquet. Rien ne vous l'interdit !

DIY
Couronne de fleurs séchées

Pour changer de l'éternelle couronne de fleurs fraîches, voici un pas-à-pas pour en créer une avec des fleurs séchées. Elle peut se préparer en avance et se conserver après le mariage !

LE MATÉRIEL

Assortiment de fleurs et de feuillages séchés (ici, graminées, immortelles, blushing bride, baies de brunia, limonium, astrances, avoines...), un sécateur, du floratape, du fil à tiger et du fil de fer fin, du ruban.

PAS-À-PAS

Fabriquez la structure
Formez un cercle aux dimensions souhaitées.
Utilisez deux morceaux de fil à tiger que vous fixerez avec du floratape.
Recouvrez l'ensemble de la structure avec du floratape.
Préparez les fleurs
Coupez vos fleurs à 6 ou 7 cm de longueur environ.
Formez des petits bouquets composés de trois ou quatre fleurs, maintenus avec du floratape.
Variez les espèces et les volumes en alternant les bouquets avec plus ou moins de fleurs et de feuillages, et en mélangeant couleurs et textures. Selon la densité, le volume et la taille de votre couronne, vous aurez besoin de plus ou moins de petits bouquets.
Disposez-les autour de votre structure de fil de fer pour vous rendre compte du nombre de bouquets nécessaires.
Réalisez la couronne
Fixez les petits bouquets sur la structure à l'aide du fil de fer fin, en répartissant les volumes.
Placez-les toujours dans le même sens, chaque bouquet recouvrant les tiges du précédent.
Procédez ainsi jusqu'à masquer entièrement la structure.
Placez le dernier bouquet tête-bêche pour cacher le fil de fer.
Terminez en ajoutant à votre couronne un morceau de ruban assorti à vos fleurs.

DIY
Cadeaux d'invités

Bougies à la cire de soja

LE MATÉRIEL

De la cire de soja pour bougies coulées, des mèches de coton, un récipient de type pot à pharmacie.
Un récipient à bec en verre, de l'huile parfumée pour bougies, un thermomètre spécial cuisson.

PAS-À-PAS

Dans le récipient à bec en verre, versez des copeaux de cire de soja et faites-les fondre au bain-marie, en veillant à respecter les préconisations de sécurité. Si vous souhaitez parfumer les bougies, ajoutez un peu d'huile parfumée une fois la cire bien fondue, jusqu'à obtenir la densité de parfum souhaitée.
Dans le pot en verre, disposez en fonction de sa taille une ou plusieurs mèches, en veillant à les maintenir bien droites grâce à une pince à linge ou à une baguette en bois.
Versez délicatement la cire fondue dans le pot pour ne pas éclabousser les bords du récipient.
Laissez totalement refroidir. Retirez la pince à linge ou les baguettes, puis coupez la mèche à la taille désirée.

Huile d'olive

Dans de jolis flacons, versez de huile d'olive achetée en vrac auprès d'un petit producteur ou de votre épicerie fine préférée.
Refermez bien le bouchon.
Ajoutez une petite étiquette ou un brin d'herbe aromatique maintenu par un joli lien assorti aux couleurs de votre journée.

© Chloé Lapeyssonnie

Bouquets de fleurs séchées et d'herbes aromatiques à brûler

Voici un petit cadeau inspiré des bâtons de fumigation amérindiens traditionnels.
Au printemps ou en été, ramassez quelques feuillages odorants, aux vertus apaisantes ou purifiantes (comme la sauge, le laurier ou encore la lavande. Coupez des tronçons d'une quinzaine de centimètres et constituez des bouquets mêlant feuillages et fleurs (immortelles, roses...).
Maintenez ensemble les végétaux à l'aide d'une corde en matière naturelle. Serrez bien.
Les fleurs et les feuillages diminuent de volume en séchant.

Laissez sécher environ quatre semaines dans un endroit sec. Il ne reste plus qu'à les brûler !

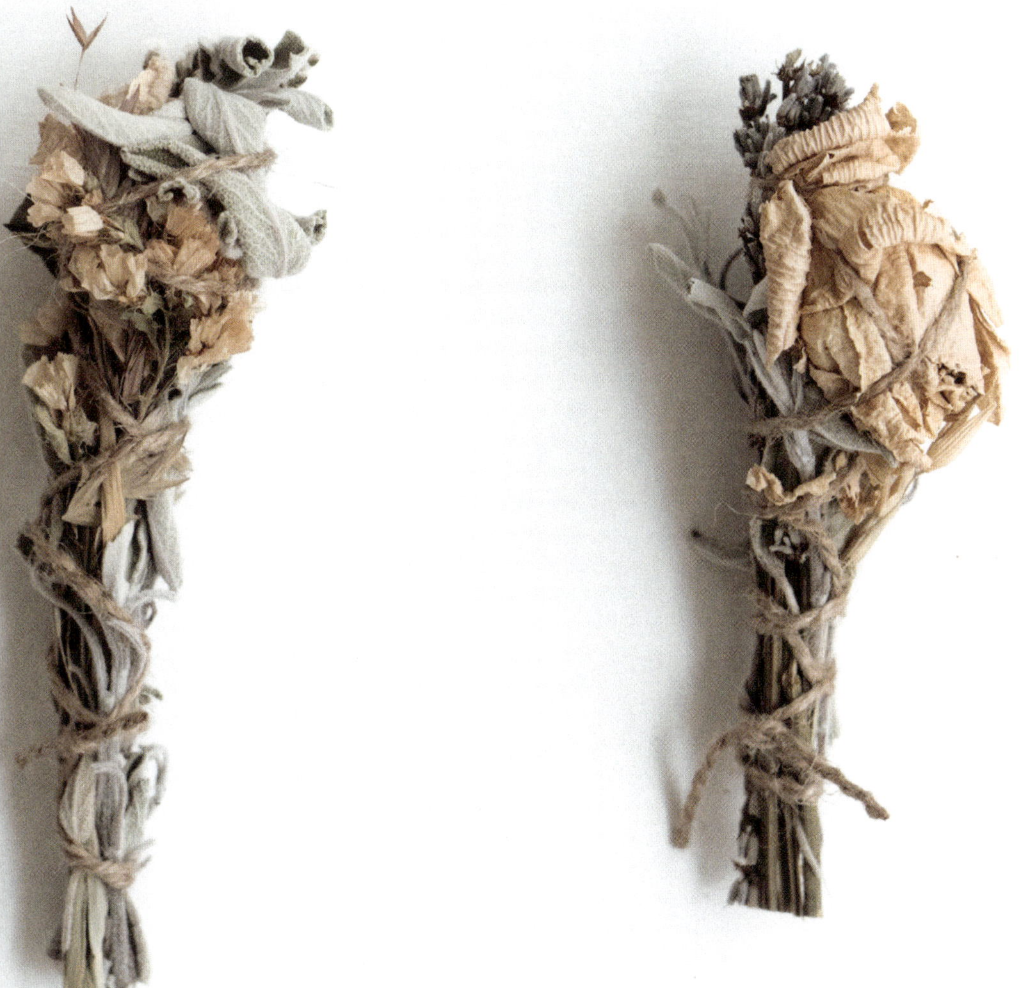

© Chloé Lapeyssonnie

Sablés personnalisés

LES INGRÉDIENTS

Pour 200 pièces environ (tout dépend bien évidemment de la taille des emporte-pièces ; pour cette recette, ils mesurent 2 et 4 cm).

Pour les biscuits : 500 g de farine/100 g de cassonade/150 grammes de sucre semoule/1 sachet de sucre vanillé/6 jaunes d'œufs/250 g de beurre.

Pour le glaçage : 300 g de sucre glace et, selon vos goûts, un citron, une clémentine, un fond d'eau, du thé, etc.

RECETTE

Dans un saladier, mélangez les ingrédients secs : farine, cassonade et sucre.

Formez un puits et déposez-y les six jaunes d'œufs ainsi que le beurre à température ambiante, coupé en dés.

Malaxez le tout à la main jusqu'à obtenir une boule de pâte homogène.

Mettez votre pâte dans un saladier filmé et placez-le au frais pendant deux heures environ.

Préchauffez votre four à 150° C.

Sortez votre pâte du réfrigérateur et travaillez-la doucement.

Étalez-la sur 4 mm d'épaisseur environ et découpez vos gâteaux à l'aide des emporte-pièces.

Placez-les sur une plaque de cuisson recouverte de papier sulfurisé.

Cuisez les biscuits une dizaine de minutes (le temps de cuisson varie en fonction de la taille des gâteaux et de la puissance du four). Ils doivent être juste dorés.

Une fois qu'ils sont totalement refroidis, vous pouvez les glacer.

Dans un bol, disposez 100 g de sucre glace, ajoutez au fur et à mesure le jus d'un citron, d'une mandarine ou un peu de thé à la bergamote ou au jasmin, jusqu'à obtenir un glaçage ayant la texture du shampooing. Trop épais, il ne tiendrait pas sur les gâteaux ; trop liquide, il mettrait trop de temps à sécher.

Trempez les biscuits sur une des deux faces, lissez le glaçage en vous aidant de la bordure du bol et laissez sécher sur une grille durant deux heures au minimum.

Si vous le souhaitez, décorez les gâteaux en les saupoudrant de zestes d'agrumes ou de pétales de fleurs comestibles sur le glaçage encore humide.

Conservez les biscuits dans des boîtes en métal hermétiques.

Graines de fleurs à semer

Ce DIY, qui ravira les esprits champêtres et bucoliques, est simplissime.
Dans le contenant de votre choix (flacon ancien, tube, joli sachet...), glissez des graines à semer. Apposez une étiquette précisant la plante et le tour est joué !

On aime

POUR LES FLACONS

BOUTEILLES ET BOCAUX
www.bouteilles-et-bocaux.com
BOBOCO
www.boboco.fr

POUR LES GRAINES DE FLEURS EN VRAC

BOTANIC
www.botanic.com

POUR LES PÉTALES DE FLEURS COMESTIBLES

spicemountain.co.uk
www.thiercelin1809.com
www.laboutiquedesinnovationsculinaires.com

© Baptiste Hauville

LA
CÉRÉMONIE

Quelle que soit la religion selon laquelle vous vous unirez, n'oubliez pas de prendre date suffisamment tôt avec votre officiant et votre lieu de célébration, et de vous enquérir des us et coutumes de l'endroit.
Soyez également au fait du matériel mis à votre disposition et des impératifs techniques du lieu pour imaginer le déroulement de la cérémonie et sa déco.
Pour connaître la liste des pièces justificatives à fournir, rendez-vous en page 12.

ORGANISER *une cérémonie laïque*

Une cérémonie laïque, ou « cérémonie d'engagement », est ritualisée ; elle célèbre un mariage hors du cadre religieux. Entièrement conçue autour du couple, elle se veut le plus personnelle possible par le biais de textes, d'interventions et de rituels que vous aurez décidés. Depuis quelques années, les couples optant pour la liberté d'une cérémonie laïque sont de plus en plus nombreux.
Peut-être avez-vous peur que vos invités soient sceptiques ? Si, avec votre futur conjoint, vous êtes sincères et que vous profitez au maximum, ils seront à coup sûr séduits !

À QUI CONFIER LE RÔLE D'OFFICIANT ?

L'officiant est la personne qui dictera le ton et le rythme de la cérémonie. Il n'est pas simplement là pour parler au début et pour passer le micro d'une personne à l'autre. Il fait le lien entre tout ce qui se passe, il raconte l'histoire du couple, il passe la parole à un proche, puis il la reprend, etc. C'est là toute la difficulté quand on crée une cérémonie : savoir conter une histoire à plusieurs.
Son rôle est primordial ; il est donc essentiel de le choisir avec soin. Ce peut être un proche (un ami ou un membre de la famille) si vous connaissez dans votre entourage quelqu'un qui est à l'aise à l'oral, à qui vous pouvez facilement vous confier et qui a la même vision du mariage que vous. Mais n'oubliez pas que cette tâche peut être stressante pour la personne à qui vous proposez cette mission. Alors ne vous vexez pas si elle refuse : elle a probablement peur de ne pas être à la hauteur.
Il est sinon possible de faire appel à un professionnel. Parce qu'il partagera un moment important de votre journée, l'entente est évidemment essentielle. Environ douze mois avant votre mariage, commencez vos recherches et renseignez-vous soigneusement sur son travail avant de le rencontrer. N'hésitez pas à lui poser toutes les questions qui vous traversent l'esprit ; vous devez vous sentir totalement à l'aise. Fait-il cela depuis longtemps ? Combien de mariages a-t-il célébrés ? Est-ce lui qui rédige les textes ? Comment serez-vous impliqués ? Etc.
Quoi qu'il en soit, le mieux est d'organiser la cérémonie avec votre officiant et de ne pas seulement lui confier la lecture de ce que vous aurez écrit. Ce sera beaucoup plus agréable pour chacun d'entre vous.
Laissez-lui ensuite la liberté de rédiger des passages surprises – en fonction des lignes que vous aurez définies ensemble –, de gérer les interventions (afin qu'elles restent inattendues pour vous). Vous profiterez d'autant plus le jour J !

LE DÉROULEMENT D'UNE CÉRÉMONIE LAÏQUE

Évidemment, tout ne doit pas forcément être placé dans l'ordre proposé ici. La cérémonie laïque peut être organisée comme vous l'entendez, l'essentiel étant que l'ensemble soit rythmé et cohérent.

- Le préambule de l'officiant. Il permet de demander aux invités de couper les téléphones, de ne pas prendre de photos pendant la cérémonie afin de ne pas gêner le photographe professionnel, etc.

- L'entrée des mariés. Elle peut être classique, au bras des parents, avec un cortège ou, plus insolite, à vélo, en bateau, en dansant avec les témoins, etc. Libre à vous de choisir ce qui vous ressemble le plus !

- L'introduction, ou mot d'accueil. L'officiant se présente, explique pourquoi le couple a décidé d'organiser cette cérémonie en plus de la mairie, afin que tous les invités sachent d'entrée de jeu pourquoi ils sont là.

- L'histoire des mariés. Souvent, l'officiant enchaîne en racontant l'histoire du couple, sa rencontre, etc.

- Les interventions des proches. Ce peut être des lectures de textes, des discours, des chansons qui enrichiront l'histoire du couple, etc. Parfois, les mariés laissent carte blanche à leurs proches ou leur donnent une thématique particulière (par exemple, l'enfance pour les parents, le mariage pour les grands-parents...).

- Les rituels (voir ci-après). Il est possible d'intégrer des gestes symboliques que les mariés accompliront tous les deux, ou avec une partie des invités (parents, témoins) ou tout le monde.

- Les musiques. Elles permettent d'accompagner l'entrée, la sortie, les rituels, mais aussi de faire le lien entre les interventions, etc. Les mariés peuvent aussi prévoir de chanter avec tous les invités.

- Sélectionnez une chanson connue du plus grand nombre et pensez à distribuer les paroles.

- L'échange des vœux. Il s'agit d'un des instants les plus forts de la cérémonie. Les mariés se font leur plus belle déclaration d'amour et formulent leurs promesses.

- L'échange des alliances. Si ce moment n'a rien d'obligatoire, les mariés souhaitent souvent conserver ce symbole.

- La conclusion. L'officiant en profite souvent pour remercier les mariés de leur confiance et leur souhaiter le meilleur pour la suite.

- La sortie. Elle doit être festive pour véritablement lancer la fête !

Mon conseil

Comme pour chaque élément d'un mariage, rien n'est figé ni obligatoire. Vous pourriez très bien décider de ne pas déclarer vos vœux publiquement et symboliser ce moment par un échange de lettres, ou vous les lire en privé avant la cérémonie. Ou pourquoi ne pas opter pour un texte rédigé ensemble à quatre mains ?

LES RITUELS

Choisir un rituel pour sa cérémonie de mariage laïque est plus simple qu'il n'y paraît. Encore une fois, tout doit partir de vous ! Inspirez-vous de vos origines, de votre histoire, de vos passions, de votre famille, ou de vos habitudes. Qu'ils soient symboliques ou plus ludiques, l'essentiel est qu'ils fassent écho à votre histoire.

- Le rituel du sable. Chacun des époux verse dans un récipient du sable de couleur différente, symbolisant les deux familles à présent unies. Il se décline également avec de l'eau.

- Le rituel des liens. Ce rituel des mains liées symbolise l'engagement. Il trouve son origine dans les mariages irlandais, notamment. Au cours de la cérémonie, l'officiant ou les convives nouent des rubans autour des mains des mariés, scellant ainsi leur union.

- Le rituel de la bougie. Les époux, tenant une chandelle, allument ensemble une bougie principale symbolisant une nouvelle vie à deux. Il est possible d'inclure les témoins ou certains membres de la famille dans ce rituel, chacun tenant une chandelle et allumant la suivante jusqu'à « passer la flamme » aux époux.

- Le rituel de l'arbre. Symbole de longévité et de renaissance, l'arbre que l'on plante est une tradition forte pratiquée dans certaines familles pour célébrer, par exemple, l'arrivée d'un enfant. L'image est ici la même : les mariés plantent ensemble un arbre commémorant ce moment dans l'idée d'une transmission et de leur vie à deux qui commence. C'est le rituel parfait si vous célébrez votre union dans une maison familiale.

- Le rituel des galets. Les invités participent activement au rituel. Chacun d'eux écrit durant la cérémonie sur une pierre ou sur un galet un vœu ou une pensée pour les mariés. Les galets sont ensuite récoltés et seront gardés par les époux. Dans le même esprit, vous pouvez confier une pierre à tous les invités et leur demander simplement d'y transmettre un vœu sans nécessairement l'écrire.

- Le rituel de la bénédiction des alliances (ou « ring warming »). Les alliances passent dans l'assistance et les convives sont invités à les bénir ou à formuler des vœux à l'intention des mariés.

- Le rituel de la bibliothèque des amoureux. C'est le rituel parfait pour les passionnés de lecture. Chaque invité offre aux mariés un livre qui le touche ou qui leur est dédié, dans lequel il aura pris soin de laisser un mot.

Quel que soit le ou les rituels qui rythmeront votre cérémonie de mariage laïque, souvenez-vous que la force de ce type de célébration est justement de vous permettre une grande liberté dans sa conception. Alors, à vous d'imaginer vos propres rituels !

COMBIEN DE TEMPS DURE UNE CÉRÉMONIE ?

Tout dépend évidemment de ce que vous avez choisi d'inclure dans votre cérémonie, du nombre d'intervenants ou de textes lus, etc.
Par exemple, comptez en moyenne une heure pour une cérémonie composée de cinq ou six interventions, d'un rituel d'union, d'un rituel collectif, d'un échange de vœux et d'un échange d'alliances.

COMBIEN D'INTERVENANTS ?

Les personnes (par exemple, témoins ou parents) peuvent intervenir seules ou en groupe. Dans ce second cas, il est préférable que les intervenants écrivent leurs textes ensemble pour que l'intervention soit cohérente. Ils pourront, selon leur préférence, lire un texte ou faire un discours.

Pour que l'ensemble ne dure pas trop longtemps, et pour conserver un certain rythme, mieux vaut ne pas dépasser cinq ou six interventions.

Parfois, certaines personnes ne souhaitent pas parler, car elles sont trop stressées à cette idée. Si cette option leur semble compliquée mais que vous tenez (et elles aussi !) à ce qu'elles participent malgré tout à ce moment, demandez-leur si elles peuvent le faire d'une autre façon, au cours d'un rituel par exemple (une maman qui viendrait allumer une bougie ou offrir un cadeau...).

COMMENT RÉDIGER SA CÉRÉMONIE ?

Avant de dénicher des idées de textes, de musiques ou de rituels pour votre cérémonie, prenez le temps de vous souvenir, de vous raconter, etc. Surtout, ne vous précipitez pas ! Il vaut mieux attendre que le sujet prenne vie...

Notez tout ce qui vous passe par la tête, essayez de vous rappeler les détails (les couleurs, les odeurs, les sensations...). Comment vous êtes-vous rencontrés ? Qu'avez-vous vécu ensemble ? Qu'aimez-vous chez l'autre ? Pourquoi avez-vous décidé de vous marier ? Quels sont vos projets d'avenir ? D'où venez-vous ? Comment étiez-vous lorsque vous étiez petits ? Dans quel environnement avez-vous grandi ? Écrivez chacun de votre côté puis comparez vos réponses : vous serez surpris de découvrir que vous ne vous souvenez pas forcément des mêmes choses !

Quand vous pensez avoir suffisamment de matière, rédigez une première trame. Le plus simple est de suivre une chronologie : une introduction qui explique pourquoi vous avez choisi de faire cette cérémonie, une partie sur votre rencontre, une autre sur votre vie, sur le sens du mariage et, enfin, sur l'avenir. Puis triez vos idées et « rangez-les » dans chacune de ces parties.

Choisissez ensuite vos intervenants, vos rituels, la manière de faire votre entrée et votre sortie, vos musiques.

Une fois que vous aurez envoyé les interventions à votre officiant, demandez-lui de les ranger dans la trame sans vous dévoiler son contenu. Insérez les rituels ensemble. Enfin, lancez-vous en commun dans la rédaction ou laissez-le faire, à condition de lui avoir donné toutes les informations nécessaires : il s'agit de votre cérémonie et de votre histoire, il ne doit pas se retrouver devant une page complètement blanche.

COMMENT RÉDIGER SES VŒUX DE MARIAGE ?

L'échange des vœux est un des moments les plus forts d'une cérémonie. C'est pourquoi il est souvent redouté par beaucoup de mariés. Voici quelques pistes pour vous aider à rédiger vos vœux de mariage.

SOYEZ PERSONNEL

Le plus simple est de rester fidèle à vous-même. Si vous êtes plutôt timide, rien ne vous force à vous lancer dans une déclaration enflammée devant l'ensemble de vos invités. Si vous êtes du genre boute-en-train, là aussi, n'hésitez pas à laisser transparaître votre personnalité dans vos vœux. L'essentiel est d'être vrai afin de rédiger un texte personnel, conforme à vous et à votre histoire.

Mais comment y parvenir ? Pour cela, piochez dans les plus simples détails du quotidien. Pourquoi ne pas noter, tout au long de vos préparatifs, dans un carnet ces choses qui vous plaisent, vous émeuvent, vous font savoir que l'autre partagera le reste de votre vie ? Nul doute que ces notes vous aideront à donner plus de sens encore à vos vœux.

SOYEZ SUR LA MÊME LONGUEUR D'ONDE

Le plus simple est d'en parler avec votre moitié avant le grand jour. Longueur de texte, style, ton, anecdotes, mieux vaut s'accorder pour ne pas avoir de mauvaises surprises le moment venu.

APPUYEZ-VOUS SUR DES TEXTES

Si vos vœux doivent rester personnels, refléter votre personnalité et votre histoire, il n'en demeure pas moins qu'il est tout à fait possible de vous appuyer sur des poèmes, des textes et autres citations existants. Attention, ne noyez surtout pas votre propos dans trop de références littéraires ! Vous pouvez aussi demander à des couples mariés des conseils ou des idées concernant la vie à deux.

Des idées de questions

- *Comment vous êtes-vous rencontrés ?*
- *À quel moment avez-vous su que vous étiez faits pour vivre ensemble cette aventure ?*
- *Quelles valeurs partagez-vous ?*
- *Qu'est-ce qui le/la rend unique ?*
- *Certains événements forts ou particuliers ont-ils rythmé votre histoire ?*
- *Comment envisagez-vous votre vie à deux, votre avenir ?*
- *Quels détails du quotidien vous font l'aimer encore plus ?*
- *Quels sont les piliers de votre relation ?*
- *Quelles promesses pouvez-vous lui faire ?*

Mon conseil

Gardez à l'esprit que vous racontez une histoire. Imaginez que vous êtes en train d'écrire un film et que vous montrez la scène à vos invités. Ils doivent entrer dans l'histoire de votre vie. Décrivez ce que vous pensez l'un de l'autre, donnez des détails, rapportez des anecdotes, etc. C'est ainsi que vos invités seront tenus en haleine et ne verront pas le temps passer !

Où trouver d'autres idées de textes ?

Se marier autrement, de Florence Servan-Schreiber, Marabout, 2007.

Cérémonies laïques. Guide pratique pour une cérémonie qui vous ressemble, d'Anne Delacour et Urielle Baubion. À télécharger ici : http://www.mademoiselle-dentelle.fr/ceremonies-laiques/

Les plus beaux textes pour célébrer une union, d'Anne Tardy, J'ai lu, 2007.

23 rituels symboliques : personnalisez vos vœux de mariage, de Clément Bourgeon, Les Éditions Bourgeon, 2015.

ENTRAÎNEZ-VOUS

Une fois votre texte rédigé, n'hésitez pas à le répéter. Même si vous ne le savez pas par cœur, vous serez ainsi rassuré et moins angoissé à l'idée de le dire devant l'assistance.
Le moment venu, gardez avec vous une version papier de vos vœux, notés dans un joli carnet ou sur un élégant papier, afin de vous y référer si vous avez des trous de mémoire ou seulement pour vous rassurer. Conservez-les, une fois la cérémonie passée, dans une boîte à souvenirs ou encadrez-les.

IMAGINEZ LE DÉCOR DE LA CÉRÉMONIE

Que ce soit dans un édifice religieux ou en pleine nature, il y a tant à imaginer pour mettre en valeur le lieu de votre union.
Évidemment, il existe quelques règles à suivre. Par exemple, à l'église ou dans n'importe quel lieu sacré, pensez à demander à votre officiant ce qu'il est possible de faire ; il serait dommage de le froisser pour une simple question de décoration. Vous organisez une cérémonie laïque ? Vous aurez là plus de liberté.

NE NÉGLIGEZ PAS LA LUMIÈRE

La lumière est essentielle. Meilleure elle sera, plus beaux seront les clichés.
Si vous vous mariez religieusement, vous n'aurez pas beaucoup le choix. Avant le jour J, pensez à transmettre à votre photographe le nom de l'édifice et quelques photos de l'intérieur afin qu'il se prépare au mieux.
Pour une cérémonie laïque, privilégiez un lieu assez lumineux ou apportez de l'éclairage supplémentaire. Si vous vous unissez l'été en extérieur, organisez votre cérémonie en fin d'après-midi, lorsque la lumière est moins franche. Le moment parfait se situe aux alentours de 17 h. À vous les lumières douces d'un soleil doré. Mais évitez les endroits en plein soleil, au risque de voir certains de vos convives tourner de l'œil !

Mes conseils

En cas de forte chaleur, mettez à disposition de vos invités de jolis chapeaux de paille, des ombrelles ou des éventails. Proposez-leur également un rafraîchissement : disposez sur une petite table une jarre avec un robinet avec une citronnade ou une eau aromatisée.
Si le temps est un peu frisquet, prévoyez des plaids pour se réchauffer et des parapluies en cas de pluie.

On aime

THE CEREMONIE
www.the-ceremonie.com

TRAVAILLEZ LE DÉCOR

C'est vers vous que tous les regards convergeront, et c'est aussi l'arrière-plan qui vous mettra en valeur sur les images. Il est donc primordial. Autant éviter que vos convives voient derrière vous un parking !

Le plus simple est toujours le mieux. Profitez de l'espace et des décors proposés par l'endroit que vous aurez choisi. Un arbre, un pan de mur, une belle vue seront le parfait écrin à votre union.

FAITES ATTENTION AUX DÉTAILS

Souvenez-vous que tout le matériel technique dont vous aurez besoin pour célébrer votre cérémonie, comme les micros, les pupitres, les notes et autres mouchoirs, seront près de vous le jour J. Ils risqueront donc d'apparaître sur les photos.

Par exemple, pour éviter de vous retrouver avec un micro sur pied sur chacun des clichés, optez pour un micro à main que vous pourrez reposer discrètement sur une jolie table lorsque vous n'en aurez pas besoin. De même, gardez avec vous un joli mouchoir en tissu plutôt qu'un paquet en plastique.

SOIGNEZ L'ALLÉE CENTRALE

J'aime les décors simples qui font la part belle au cadre et au couple. De simples branches montées en arche naturelle, soulignées d'une guirlande de feuillages, et voilà !

Si l'endroit est spacieux, disposez dans l'allée principale des lanternes ou des photophores et des bouquets qui le rendront chaleureux – ou des brassées de feuillages odorants, comme du romarin ou du thym.

Si, au contraire, il n'y a pas beaucoup de place, optez pour des bouquets suspendus au bout des bancs ou des chaises. Et pourquoi pas des plantes et des fleurs en pot, à replanter ensuite dans votre jardin ou à offrir à vos invités ?

RÉFLÉCHISSEZ À VOTRE SORTIE

Pour changer des éternels grains de riz, confettis ou autres bulles de savon, faites votre sortie sous le signe de la nature. Par exemple, effeuillez de l'eucalyptus, des herbes aromatiques ou des graminées, mais aussi des pétales de fleurs comme les roses ou l'hortensia, ajoutez éventuellement quelques poignées de lavande réputée porte-bonheur et laissez sécher jusqu'au jour J. Il ne restera plus à vos invités qu'à les lancer sur votre passage !

Mon conseil

Lorsque nous sommes assis, nous nous tenons souvent assez mal, le dos voûté. Pour être à votre avantage, préférez être debout le plus souvent possible (mais gardez évidemment des chaises à proximité).

D'autres idées déco pour votre cérémonie laïque

- *Les arches de fleurs ou de feuillages ont toujours du succès. Pourquoi ne pas ajouter quelques tapis anciens pour donner un petit air bobo à votre décor ?*
- *Rubans et guirlandes suspendus à la branche d'un arbre, long voile encadrant une fenêtre, n'hésitez pas à donner de la hauteur à votre décor.*
- *Disposez çà et là quelques coussins assortis, vos livrets de cérémonie et des étoles laissées à disposition pour rendre l'espace encore plus confortable.*

© Chloé Lapeyssonnie

MES DERNIERS *conseils*

Voici une liste des choses auxquelles penser avant le mariage et des conseils pour que vous puissiez lâcher prise le jour J.

UNE SEMAINE AVANT

→ Assurez-vous d'avoir réglé tous vos prestataires la semaine précédant le mariage, voire quinze jours avant en fonction de vos contrats.

→ N'oubliez pas de prévenir le prêtre ou votre célébrant de la présence d'un photographe, d'un vidéaste ou encore d'une chorale le jour J. Vous éviterez ainsi les surprises et les drames.

→ Prévoyez les enveloppes des personnes que vous devrez payer (pensez aussi à l'église et aux baby-sitters), et confiez-les à une personne de confiance chargée de les remettre pour vous.

→ Faites le point sur la musique. Cérémonie, entrée des mariés, pièce montée ou première danse, assurez-vous d'avoir sélectionné tous les morceaux et donné la liste au DJ.

→ Confirmez avec chaque intervenant le planning et les détails de la journée. Envoyez-leur une feuille de route avec les adresses, les numéros de téléphone à joindre en cas de souci, les codes d'accès éventuels...
Vous trouverez page 158 un exemple de planning pour le jour J et une fiche-contact.

→ Si vous souhaitez des photos de personnes chères à votre cœur, dites-le clairement à votre photographe avant le jour J. Il ne peut pas deviner qui est important pour vous sans avoir reçu d'instructions précises de votre part. Attention, il s'agit ici de cinq ou six photos, inutile de préparer une liste de trente clichés !

→ Vous avez des enfants ? S'ils sont en bas âge, vous ne pourrez pas vous en occuper vous-même le jour J. Réservez rapidement une baby-sitter qui prendra le relais.

LA VEILLE DU GRAND JOUR

→ Bouclez votre valise en veillant à ne rien oublier, comme votre tenue pour le brunch. Si vous partez en voyage de noces juste après le mariage, vos bagages doivent être également prêts, et n'oubliez pas les passeports et les réservations.

→ Pour éviter de chercher le carton des cadeaux d'invités, celui de la papeterie ou votre porte-alliances, rangez avec soin, en fonction des différents moments de la journée, tous vos petits éléments de décoration.

→ Préparez une petite trousse de secours contenant quelques essentiels qui pourront vous sauver la mise le jour J (kit de couture, épingle à nourrice, épingle à cheveux, laque, déodorant, lime à ongles, pansements, aspirine...).

→ Faites un test de sono avant le mariage pour ne pas avoir de mauvaises surprises le jour J. Vérifiez que tous les morceaux sont enregistrés et s'enchaînent correctement.

→ N'oubliez pas votre acte de mariage civil si vous avez choisi de célébrer religieusement votre union à une autre date.

LE DÉBUT DE LA JOURNÉE

→ Alors que vous vous apprêtez à passer une

journée à cent à l'heure, profitez de ces quelques instants de calme. Essayez de limiter le nombre de personnes autour de vous : entourez-vous de vos ami(e)s les plus proches et certains membres de votre famille. Tentez de commencer la journée en douceur.

- N'oubliez pas de manger. Prévoyez une petite collation afin de ne pas attaquer cette journée marathon le ventre vide. Une petite coupe de champagne si vous voulez, mais préférez-lui un café, quelques fruits ou d'autres gourmandises légères qui vous donneront le coup de fouet nécessaire pour vivre sereinement ce joli moment.

LES PRÉPARATIFS

- Que ce soit dans une chambre d'hôtel, sur le lieu de la réception ou dans la maison de vos parents, choisissez la pièce la plus sobre et la plus lumineuse pour vous préparer. Évitez la chambre d'adolescent et ses posters datés. Prenez soin de ranger l'espace ; vous éviterez ainsi de retrouver sur vos photos de mariage un fer à repasser ou un sac jeté à la hâte dans un coin de la pièce.

- Vous avez certainement choisi d'être accompagné par votre photographe dès les préparatifs. Parce que ce moment est important et l'occasion de belles interactions avec vos proches, il en restera sûrement de belles images. Mais inutile de lui demander d'être présent dès le début ou tout au long de ce moment. Avez-vous vraiment envie d'avoir des clichés de vous avec des bigoudis sur la tête ?

LA CÉRÉMONIE

Avant le début de la cérémonie, demandez à quelqu'un de placer les livrets sur les chaises, de disposer les pétales, baguettes de rubans ou bulles de savon près de la sortie. Vous n'aurez ainsi plus à y penser. Et n'oubliez pas de les faire ramasser une fois l'office terminé.

LA RÉCEPTION

- Si vous avez engagé un service de navette ou de chauffeur, laissez à disposition de vos invités son numéro de téléphone pendant la soirée, dans un endroit bien visible (accueil, toilettes, table du livre d'or...).

- Ne tardez pas à servir le dessert. C'est d'autant plus vrai si votre lieu de réception limite la durée de la soirée à deux ou trois heures du matin. L'idéal est d'apporter le dessert ou la pièce montée avant minuit.

- Désignez une personne de confiance qui se chargera des cadeaux et veillera sur votre urne de mariage.

DÉLÉGUEZ...

Le jour J, ce n'est pas à vous de gérer votre vieille tante qui se perd entre l'église et le lieu de réception ou le livreur qui ne trouve pas l'entrée de la cuisine.
Si vous n'avez pas de wedding planner à qui confier cette tâche, déléguez ce genre de détails à deux de vos amis qui auront envie de vous aider, et donnez leur numéro de téléphone plutôt que le vôtre.

... ET PROFITEZ !

Riez, pleurez et vivez toutes ces merveilleuses émotions. Je ne le répéterai jamais assez, cette journée passe à une vitesse folle, alors profitez de chaque instant !

APRÈS
LE MARIAGE...

Pour ne pas plonger dans le wedding blues, le mieux est de boucler vos valiser et de vous envoler pour votre voyage de noces. Une balade en amoureux dans les rues de Florence, des cours de danse en République Dominicaine, une expérience culinaire au cœur de la médina de Marrakech, etc., ce voyage sera sans doute l'expérience d'une vie.

ORGANISER *son voyage de noces*

Même si vous êtes affairé à la préparation de votre mariage et que vous avez autre chose à penser, ne vous y prenez pas à la dernière minute. Le plus tôt sera le mieux afin de gérer sereinement son organisation, de vous projeter, de vous laisser du temps pour boucler le budget, mais aussi de vérifier que vous disposez de tous les documents nécessaires (passeport, visa...). Vous ne voudriez sûrement pas devoir repousser votre voyage de noces pour une question de paperasse !

Si vous devez patienter plusieurs mois avant de partir en voyage de noces, n'hésitez pas à réserver quelques jours en amoureux juste après votre union. Ce sera l'occasion de vous retrouver et de profiter pleinement de ce moment fou que vous venez de vivre !

DÉFINISSEZ LE BUDGET

La première chose à faire est de déterminer le budget que vous souhaitez accorder à ce voyage unique.

Par expérience, un couple offre un cadeau de mariage d'une valeur de 50 à 150 euros. Pour cinquante couples invités, on peut estimer un budget approximatif entre 2 500 et 7 500 euros. Avec cette donnée en tête et en fonction de l'enveloppe que vous pourrez y ajouter, à vous de fixer la somme à ne pas dépasser.

CHOISISSEZ LA DESTINATION

Tout comme le mariage, le voyage de noces est surtout une histoire de goûts et d'envies. Vous êtes plutôt tongs ou chaussures de randonnée ? Paréo ou doudoune ? Laissez parler votre imagination et choisissez LA destination qui vous a toujours fait rêver.

FAITES-VOUS AIDER

En règle générale, les mariés récoltent une somme qu'ils n'ont jamais dépensée pour un voyage et ne savent pas comment s'y prendre pour organiser un séjour sur mesure de A à Z. Il est facile de réserver sur Internet un vol et un hôtel pour un voyage « classique » mais, pour le voyage de noces, c'est différent. Tout doit être parfait !

N'hésitez donc pas à confier cette mission à un spécialiste du voyage qui saura vous écouter, comprendre vos goûts et vous proposer le plus beau voyage de votre vie.

QUAND OUVRIR VOTRE LISTE DE MARIAGE DÉDIÉE AU VOYAGE ?

Tout dépend de la destination choisie. Si vous décidez de partir en safari en Afrique australe, il faudra vous y prendre presque un an à l'avance, car les lodges ont peu de chambres et sont souvent pris d'assaut. Si vous préférez effectuer un voyage itinérant avec plusieurs étapes, activités et visites, mieux vaut réserver entre trois et huit mois avant le départ.

QUAND PARTIR EN VOYAGE DE NOCES ?

Pour bénéficier d'avantages ou de cadeaux liés à votre mariage, vous aurez neuf mois pour partir à compter de la date de votre union. Vous devrez emporter avec vous une copie de votre livret de famille au cas où l'hôtel voudrait vérifier votre union.

Les tarifs en haute saison, c'est-à-dire pendant la saison des mariages (entre mai et septembre), sont bien évidemment toujours plus élevés. Néanmoins, l'idée de partir en voyage de noces tout de suite après la cérémonie permet aux jeunes mariés d'aller jusqu'au bout de leur rêve sans interruption. C'est plutôt magique !

Cependant, vous pourriez tout à fait effectuer le même voyage à un tarif bien plus attractif en partant en basse saison... À vous de juger en fonction de vos envies, de votre budget et de votre organisation.

Mes conseils

Vérifiez la validité de votre passeport. En général, il doit être valable au moins six mois après la date du retour.

Vérifiez si certains vaccins sont obligatoires pour la destination que vous avez choisie.

Regardez la météo trois jours avant le départ pour préparer sereinement votre valise.

Prévoyez une trousse de secours.

Notez le numéro de téléphone de l'assistance de votre carte Visa Premier (premier numéro à contacter en cas de problème sur place).

Prévoyez deux copies de vos passeports (à ranger dans un sac différent des originaux).

Prévenez votre banque que vous partez à l'étranger pour éviter qu'elle ne bloque votre compte bancaire lorsque vous serez sur place.

On aime

MON PLUS BEAU VOYAGE

www.monplusbeauvoyage.fr

ORIGINAL GLAMPING

www.originalglamping.com

CHANGER *de nom de famille*

Toute personne possède un nom de famille (appelé aussi nom de naissance ou nom patronymique) qui figure sur son acte de naissance. Il peut s'agir du nom de votre père ou celui de votre mère, ou les deux.
Mais il est également possible de prendre le nom de son mari ou de sa femme, quel que soit son sexe : c'est le nom d'usage. Cette utilisation est totalement facultative et n'a aucun caractère automatique. En revanche, dès lors que l'époux ou l'épouse manifeste cette volonté, le nom d'usage doit être utilisé par les administrations et peut être inscrit sur les documents d'identité (acte de naissance, de mariage, livret de famille...).
Vous pouvez donc choisir de porter en plus de votre nom de famille soit le nom de votre époux, soit un double nom composé de votre propre nom et du nom de votre époux dans l'ordre que vous souhaitez ; dans ce cas, les deux noms sont réunis par un tiret.
Les différents organismes doivent être informés du nom d'usage qui sera choisi.
Il est possible d'informer plusieurs organismes simultanément via le téléservice proposé par le site du Service public (www.service-public.fr).

© Baptiste Hauville

HORS
DES SENTIERS BATTUS

Loin de vous le mariage traditionnel, près de chez vous, en robe longue et traîne avec échange des vœux à la mairie et à l'église devant une grande assemblée ? Ou peut-être souhaitez-vous tout simplement donner plus de sens à cette journée ? Aujourd'hui, nombreux sont les couples qui désirent s'unir loin des diktats de la tradition.

UN MARIAGE *à l'étranger*

Que ce soit pour des raisons de budget, pour couper court à des impératifs familiaux, pour réduire la liste des invités ou tout simplement par goût de l'aventure, vous avez peut-être envie de vous marier en petit comité à l'étranger. Voici quelques pistes pour vous aider à vous lancer.

LES INVITÉS

En choisissant de vous marier à l'étranger, la liste de vos convives se verra forcément réduite par rapport à un mariage plus traditionnel. Les coûts et l'organisation (jours de congés, transport...) qui en résultent impliquent souvent que seuls vos plus proches souhaiteront y assister.

Pourquoi ne pas prévoir un cocktail après votre retour afin d'inviter vos relations et amis qui n'auraient pas assisté à la cérémonie ?

Il est primordial de bien renseigner vos futurs convives et de les aider afin qu'ils préparent au mieux leur voyage. En dehors des informations indispensables (le lieu du mariage et la date de la cérémonie), transmettez-leur des précisions concernant les transports (trains, avions, ferries, navettes...), les éventuels vaccins, l'hébergement (précisez si c'est à eux de s'en charger), les activités prévues ou à faire dans la région, le pays (les coutumes, la monnaie utilisée, l'histoire, la météo...), les contacts qui leur seront utiles (hôtel, référant, organisateur...). Un site Internet peut alors s'avérer très utile pour regrouper toutes ces informations. Sinon, vous pouvez les accueillir sur place avec un kit de bienvenue !

OÙ SE MARIER ?

L'avantage lorsqu'on se marie en petit comité, c'est qu'il devient possible de célébrer son union dans n'importe quel endroit, ou presque. Avec 15, 20 ou 30 convives, vous pourriez louer une villa ou même un bateau, et passer une semaine en profitant vraiment de tous vos invités.

Autre avantage : vu que tous les invités sont sous le même toit, cela facilite la logistique et vous pourrez profiter pleinement de chacun d'eux.

L'ORGANISATION

L'organisation d'un mariage quand on n'est pas sur place peut s'avérer complexe, même quand le nombre d'invités est restreint. N'hésitez pas à bien vous entourer : un wedding planner, un responsable d'hôtel ou une personne de confiance vivant sur place sera sûrement d'une aide précieuse le moment venu.

N'oubliez pas de vérifier les impératifs et les recommandations concernant la vaccination du pays de destination, et de mettre à jour vos vaccins si nécessaire. Assurez-vous que vos passeports ou cartes d'identité sont bien valides.

Veillez à ce que le lieu choisi dispose d'un plan B pour votre cérémonie ou votre dîner en cas de mauvais temps.

Quoi qu'il en soit, prenez soin de vérifier l'ensemble du déroulement de votre journée, et assurez-vous, avant de partir, que les professionnels et les options proposées ont été confirmés.

Et côté budget ?

Avec une moyenne de location comprise entre 1 500 et 5 000 euros par semaine (en fonction des destinations) pour des villas accueillant de 15 à 20 personnes, le prix par personne et par nuit devient vraiment intéressant.
En fonction de votre destination, certains hôtels pourront également vous proposer des offres « spécial mariage ».

D'UN POINT DE VUE LÉGAL

Plusieurs solutions s'offrent à vous d'un point de vue légal. Vous pouvez opter pour une cérémonie civile dans votre ville de résidence et partir ensuite célébrer votre union dans le pays de votre choix en y organisant une seconde cérémonie, laïque ou religieuse.

Il est également possible de se marier civilement à l'étranger. En effet, dans certains pays, les ambassadeurs et les consuls de France sont autorisés à célébrer des unions. Cette autorisation est, dans la plupart des cas, limitée aux mariages entre ressortissants français.

Le mariage à l'étranger de deux Français ou d'un Français avec un étranger peut être célébré par l'officier de l'état civil local. Une fois le mariage prononcé par celui-ci, les époux le feront transcrire dans les registres de l'état civil consulaire par l'ambassadeur ou le consul de France territorialement compétent, si les conditions de validité sont remplies.

Attention cependant, le mariage entre personnes de même sexe auprès d'une autorité étrangère n'est possible que dans un nombre réduit de pays.

N'hésitez pas à consulter le site du gouvernement à propos des formalités administratives inhérentes au mariage à l'étranger.

Mon conseil

Prenez soin de demander à votre compagnie aérienne comment seront pris en charge vos bagages, notamment celui contenant votre robe de mariée. Il sera peut-être plus sage de la garder en cabine avec vous, tout comme vos alliances.

ORGANISER
un mariage écoresponsable

Que ce soit une véritable démarche de vie ou une volonté d'apporter un peu plus de raison à votre journée, vous avez peut-être envie de rendre votre mariage plus responsable d'un point de vue environnemental. Il y a pour cela quelques astuces plutôt simples à mettre en œuvre.

Il va sans dire que vous devrez vous entourer de professionnels qui comprendront votre démarche et qui pourront vous proposer des solutions alternatives allant dans ce sens.

LE LIEU DE RÉCEPTION

Pour réduire l'impact environnemental de votre mariage, préférez un lieu de réception proche de celui de votre cérémonie afin d'encourager vos invités à pratiquer le covoiturage. Idéalement, optez pour un lieu avec des hébergements sur place. En limitant les trajets de vos invités, vous diminuerez l'impact écologique lié aux déplacements.

LE REPAS

Rares sont les traiteurs qui suggèrent des menus à partir de produits de saison, frais, locaux et idéalement bio, mais ils existent. Certains proposent même des repas végétariens ou végan.

Préférez également des vins bio ou biodynamiques, plus respectueux de l'environnement.

Pour les boissons, des eaux aromatisées aux fruits de saison remplaceront les sodas. Et servez l'eau du robinet dans de belles carafes, de jolies jarres ou des distributeurs à limonade.

LA PAPETERIE

La solution est d'envoyer des faire-part imprimés sur papier recyclé grâce au réseau de prestataires labellisés « Imprim'Vert », tout comme les enveloppes.

Le faire-part numérique peut être une solution, mais son impact en termes de bilan carbone est relativement important.

LES BIJOUX ÉQUITABLES

Le marché du bijou, notamment de l'or et du diamant, peut être source de nombreux impacts négatifs, tant écologiques qu'humains.

Pour vos bijoux, veillez à ne choisir que des pierres obéissant au processus de Kimberley (à savoir des diamants qui ne sont pas issus du commerce de guerre). Le label Fairmined assure également un or éthique et équitable.

Sinon, vous pouvez réutiliser l'or fondu de bijoux de famille anciens ou que vous ne portez plus, ou choisir une bague vintage trouvée chez un antiquaire.

LES FLEURS

La culture et le transport des fleurs coupées que l'on trouve en général sur les événements génèrent de lourdes conséquences environnementales. Préférez des fleurs de saison, cultivées en France et issues de cultures raisonnées afin de limiter l'impact écologique.

Vous pouvez aussi opter pour des plantes en pots, susceptibles d'être replantées, à offrir par exemple à vos invités. Une décoration simple et végétale, créée à partir de plantes et de feuillages glanés dans votre jardin, offrira également une très belle alternative aux fleurs coupées.

LES CADEAUX

Offrez à vos convives des bougies maison à la cire de soja bio, des sachets de graines bio à planter, des pots de confiture maison de fruits d'un producteur local, des pots de miel de l'apiculteur du village d'à côté, un bol ou une jolie tasse chinés, etc.

LES TENUES

Mettez le « made in France » à l'honneur pour vos tenues de mariés.

Faites appel à des créateurs engagés, à des artisans qualifiés et optez, par exemple, pour une robe aux jolies matières fabriquées le plus près possible de chez vous ou pour des accessoires créés à la main dans les règles de l'artisanat.

LA DÉCORATION

Dans cette démarche, le mieux est de louer votre décoration. C'est la solution écologique par excellence : pas de nouveaux achats dont on ignore la provenance et pas de stockage.

Si cette alternative ne vous enchante guère, recyclez, détournez et donnez une nouvelle vie aux objets qui racontent une histoire. Chinez vaisselle et mobilier, suspendez des guirlandes à LED, et utilisez les bocaux Le Parfait comme des vases ou des photophores.

Réduisez les impressions sur papier. Optez, par exemple, pour un menu unique présenté sur ardoise, ou pour des marque-places réalisés sur des végétaux, des galets...

Faites également le tri dans les animations à la mode. Exit les lâchers de ballons ou autres lanternes « biodégradables ». C'est joli, mais l'impact sur l'environnement est catastrophique. Ils vont voler... puis retomber. Le problème est que l'on ignore où et quand. Dans le champ d'un agriculteur voisin ? En forêt ? En mer ? Sans parler des risques d'incendie concernant les lanternes thaïlandaises.

CONCLUSION

Un mariage, votre mariage, c'est vous, vos proches, votre famille... mais surtout, c'est vous !
Un mariage, ça n'est pas une simple journée, ou mieux un week-end prolongé dans une demeure à tomber. C'est vous. Une vie à se réveiller à côté de votre moitié. À faire des projets. À construire un avenir.
Un mariage, c'est se poser des questions. Se demander si il ou elle sera la personne éternellement présente à vos côtés.
Se demander si ce sera celui ou celle qui vous tiendra la main dans les épreuves, et rira de vos blagues le dimanche après-midi, ou celui ou celle à qui vous préparerez chaque matin sa tasse de café.
Un mariage, c'est affronter ensemble les terribles nouvelles et les instants joyeux. C'est attendre, fébrile, de lui dire que vous serez bientôt trois et préparer des cartons pour un nouvel appartement. Un mariage c'est des photos que vous regarderez dans 20, 30 ou 60 ans.
Un mariage, c'est toutes ces petites choses du quotidien qui vous énervent et vous exaspèrent. Et un mariage, c'est tout oublier avec un sourire au réveil.
Un mariage c'est ça, c'est une histoire entière.
En anglais, on différencie *wedding* de *marriage*. Le premier se rapporte à la journée, le second à une vie. Entre les blogs, Pinterest ou Instagram, face à tous les détails auxquels penser – et je suis la première à m'attacher à ces derniers –, il peut être difficile de lâcher prise. Surtout, n'oubliez pas.

© Lifestories by Yann Audic

N'oubliez pas que les blogs, Internet et les réseaux sociaux ne sont pas là pour définir une norme. Ils ne sont pas là pour imposer l'accessoire ou le thème à s'arracher dorénavant. N'oubliez pas que les blogs, aussi beaux, pointus, fun ou lus soient-ils, ne sont là que pour vous accompagner, vous aider à trouver des idées, vous permettre de découvrir de nouvelles adresses, vous donner des pistes, des fils qu'il vous faudra tirer pour vous-même, ensuite, tisser l'histoire que vous ferez vôtre.
N'oubliez pas que les photographes qui vous accompagneront ont bien entendu envie de faire de belles images mais, qu'au bout du compte, ils seront là avant tout pour capturer vos éclats de rire, vos larmes, vos étreintes. Simples et authentiquement vous.
N'oubliez pas que ce jour si particulier n'appartiendra qu'à vous. N'oubliez pas que dans 1 an, 5 ans, 20 ans, ce dont vous vous souviendrez n'aura rien à voir avec une paire de bretelles assorties à des chaussettes.
L'essentiel, c'est l'histoire. Les détails, anecdotes éphémères, ne resteront que s'ils ont du sens. Alors, si vous n'avez pas ces petites pailles colorés, une échelle fleurie, ou un ciel de guirlandes guinguette, si votre plan de table n'était tout à fait comme ci, ou pas assez comme ça, pourvu que votre journée soit belle, vos invités ravis, et que ÇA Y EST vous soyez mariés !
Alors comment faire pour organiser un mariage qui vous ressemble vraiment ? J'ai envie de vous dire d'avoir confiance en vous. De prendre le temps, avec votre moitié, de vous demander ce que vous voulez vraiment. Au-delà de la décoration, de la couleur des fleurs ou de l'utilité de porter ou non un nœud papillon. De vous poser les bonnes questions. Et pour le reste, ne piochez, dans ce que vous trouverez sur la Toile, que ce qui vous parlera réellement.
Choisissez de confier votre journée à des professionnels en qui vous aurez confiance, qui sauront vous accompagner, vous écouter et vous aider. Allez à l'essentiel, vivez ces préparatifs sans pression et profitez-en vraiment.
Et au final, surtout, n'écoutez que vous.

ANNEXES

EXEMPLE *de plan de table*

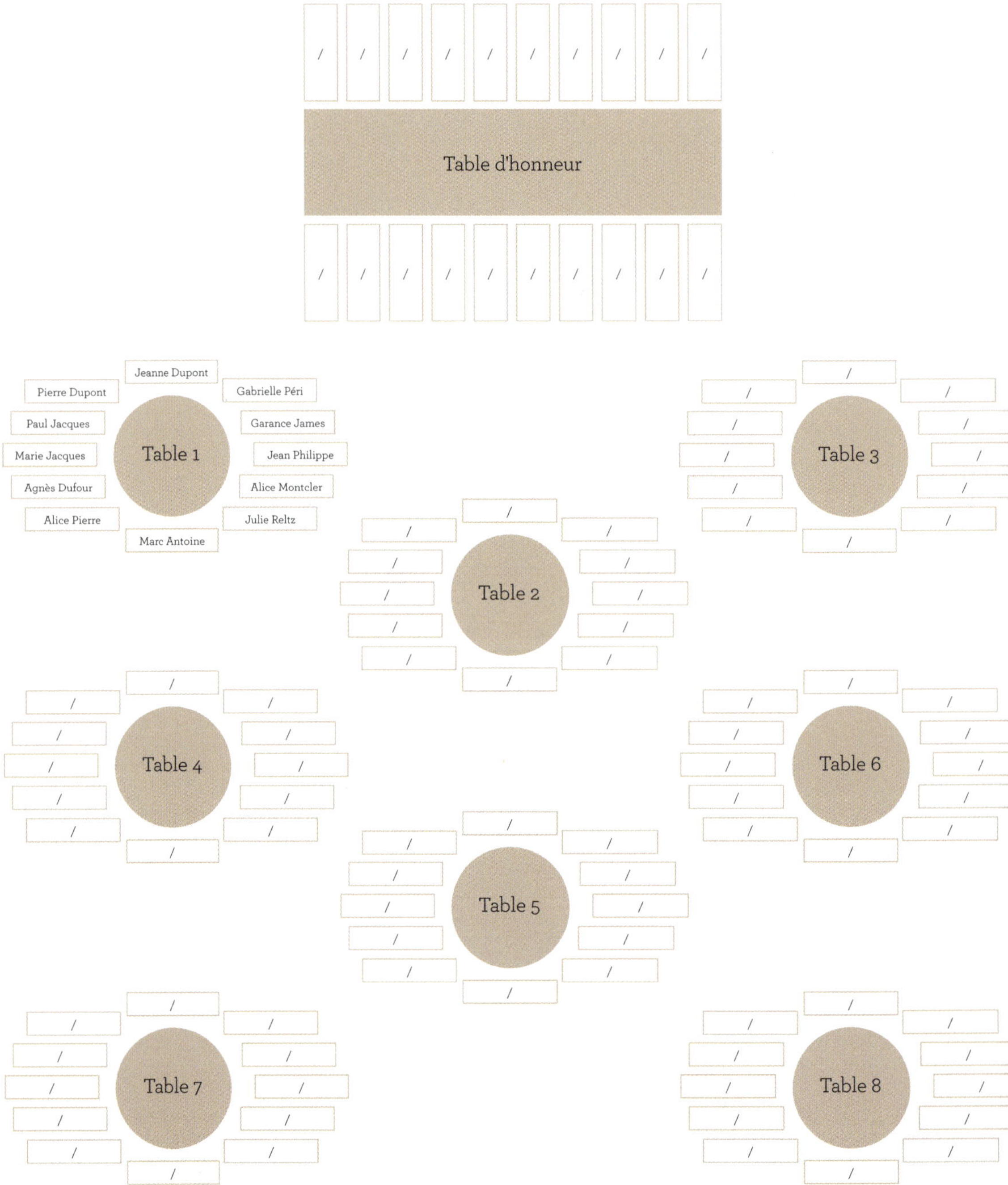

	TABLE D'HONNEUR
1	/
2	/
3	/
4	/
5	/
6	/
7	/
8	/
9	/
10	/
11	/
12	/
13	/
14	/
15	/
16	/
17	/
18	/
19	/
20	/
TOTAL	/

	TABLE 1
1	Jeanne Dupont
2	Pierre Dupont
3	Paul Jacques
4	Marie Jacques
5	Agnès Dufour
6	Alice Pierre
7	Marc Antoine
8	Julie Reltz
9	Alice Montcler
10	Jean Philippe
11	Garance James
12	Gabrielle Péri
TOTAL	12

	TABLE 2
1	/
2	/
3	/
4	/
5	/
6	/
7	/
8	/
9	/
10	/
11	/
12	/
TOTAL	12

	TABLE PRESTATAIRES
1	Photographe
2	Babysitter
3	Gardien
4	DJ
5	Vidéaste
6	/
7	/
8	/
9	/
10	/
11	/
12	/
TOTAL	5

	REPAS SPÉCIAUX
VÉGÉTARIEN	
SANS GLUTEN	
CASHER	
HALLAL	
FEMME ENCEINTE	
ALLERGIE CRUSTACÉS	
ALLERGIE FRUITS À COQUE	

NOMBRE TOTAL D'INVITÉS	176
NOMBRE TOTAL REPAS ENFANTS	11
NOMBRE TOTAL REPAS PRESTATAIRES :	5

Conseils d'utilisation

- *remplissez chacune des cases de votre plan de table avec le nom de vos invités*
- *n'oubliez pas d'y noter en couleur les repas et régimes spéciaux de vos invités*
- *modifiez le nombre total d'invités au bas de chaque colonne pour chaque table*
- *dupliquez table et colonne associée ou ôtez-les en fonction de vos besoins*
- *disposez vos tables en fonction de la configuration de votre salle*
- *imprimez votre plan de table et confiez-le à une personne de confiance ou votre traiteur le jour J !*
- *profitez de votre journée !*

ESPACEMENT *des tables*

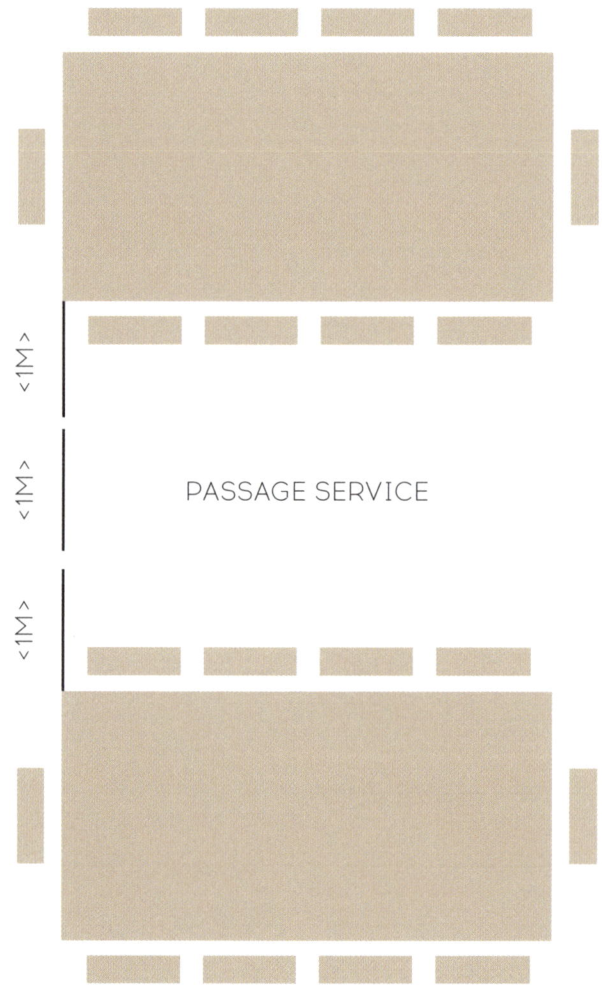

TAILLE *des tables* / NOMBRE *de personnes*

10 À 13 PERSONNES

8 À 10 PERSONNES

6 À 8 PERSONNES

PLANNING *du jour J*

	RDV / PRESTATION	PRESTATAIRE CONCERNÉ	LIEU DE LA PRESTATION
8H00			
8H30			
9H00			
9H30			
10H00			
10H30			
11H00			
11H30			
12H00			
12H30			
13H00			
13H30			
14H00			
14H30			
15H00			
15H30			
16H00			
16H30			
17H00			
17H30			
18H00			
18H30			
19H00			
19H30			
20H00			
20H30			
21H00			
21H30			
22H00			
22H30			
23H00			
23H30			
00H00			
00H30			
01H00			
01H30			
02H00			

FICHE *contacts*

	NOM	TELEPHONE	MAIL	ADRESSE	REMARQUES
le marié					
la mariée					
témoin					
témoin					
témoin					
témoin					
parent					
parent					
lieu de réception					
traiteur					
location de mobilier					
wedding planner					
fleuriste					
photographe					
vidéaste					
babysitter					
DJ					
officiant de cérémonie					

CARNET *d'adresses*

ROBES DE MARIÉE SUR MESURE

LAURE DE SAGAZAN
www.lauredesagazan.fr
ELISE HAMEAU
elisehameau.com
ELEONORE PAUC
www.eleonorepauc.com
VIOLETTE TANNENBAUM
violettetannenbaum.fr
MARION KENEZI
marionkenezi.com
CLÉMENTINE IACONO
clementineiacono.com
ELODIE MICHAUD
www.elodiemichaud.fr
CAMILLE MARGUET
camillemarguet.fr
AURÉLIA HOANG
aureliahoang.com
MADEMOISELLE DE GUISE
www.mademoiselledeguise.com
ISABELLA BOUTIN
www.isabellaboutin.com
RIME ARODAKY
www.rime-arodaky.com
MARIE LAPORTE
marie-laporte.fr
MARGAUX TARDITS
www.margauxtardits.com
L'AMOUREUSE BY INGRID FEY
lamoureuse.ingridfey.fr
VANDA OUTH
vandaouth.com
ELISA NESS
www.elisa-ness.fr
ATELIER SWAN
www.atelier-swan.com
MAISON FLORET
maisonfloret.com
CAROLINE TAKVORIAN
carolinetakvorian.fr
MANON GONTERO
www.manongontero.com
CHRISTINA SFEZ
www.christinasfez.com

PRÊT À PORTER MARIÉE

BY ROMANCE
byromance.com
ASOS
www.asos.fr
NET À PORTER
www.net-a-porter.com
LA REDOUTE
www.laredoute.fr
SESSÙN
sessun.com
MES DEMOISELLES PARIS
www.mesdemoisellesparis.com
BHLDN
www.bhldn.com

CONCEPT STORES ET SHOWROOMS ROBE DE MARIÉE

OLYMPE
www.olympe-mariage.com
PLUME PARIS
www.plumeparis.fr
MA ROBE
www.ma-robe.net
MADEMOISELLE FÉE
www.mademoisellefee.fr

DAYLOVE
dayloveevent.com
PANDORE
pandore.love

BIJOUX ET ACCESSOIRES

LIZERON
www.lizeron.fr
MAISON SABBEN
www.maisonsabben.com
LES FLEURS DUPONT
www.lesfleursdupont.com
LA CHAMBRE BLANCHE
lachambreblanche.fr
LES DORMEUSES DE MADAPOLAM
www.lesdormeusesdemadapolam.fr
ATELIER PAULIN
www.atelierpaulin.com/fr
WHITE BIRD
www.whitebirdjewellery.com
MIGNONNE HANDMADE
mignonnehandmade.com
ELISE TSIKIS
www.elisetsikis.com
BUTTÉE.
www.buttee.fr
TWIGS AND HONEY
www.twigsandhoney.com
ART ET FACTS
www.artetfacts.com

ROBES DE DEMOISELLES D'HONNEUR

MAISON LEMOINE
www.maison-lemoine.com
LES PETITES JUPES DE PRUNE
lespetitesjupesdeprune.com
CLÉOPHINA
www.cleophina.com
ASOS
www.asos.fr

COSTUME

FAUBOURG SAINT SULPICE
www.faubourgsaintsulpice.fr
BLANDIN & DELLOYE
www.blandindelloye.com
L'APIÉCEUR
www.lapieceur.com
LES FRANCS TIREURS
les-francs-tireurs.fr
RIVES
www.rives-paris.com
LES NOUVEAUX ATELIERS
www.atelierna.com/fr
ASOS
www.asos.fr

ACCESSOIRES POUR LUI

LES BRETELLES DE LÉON
www.lesbretellesdeleon.com/fr
LE COLONEL MOUTARDE
www.lecolonelmoutarde.com
APRIL LOOK
www.etsy.com/fr/shop/APRILLOOKshop
SHOE UP
www.shoe-up.com
L'ATELIER À NOUER
www.latelieranouer.fr
ARCHIDUCHESSE
www.archiduchesse.com
BERTELLES
www.bertelles.com
MONSIEUR CHAUSSURE
www.monsieurchaussure.com
UNE AUTRE PAIRE DE MANCHES
www.autrepairedemanches.fr

CHAUSSURES

ALIX DE LAFOREST
alixdelaforest.com

DESSINE MOI UN SOULIER
www.dessinemoiunsoulier.com
ESCADRILLE PARIS
www.escadrilleparis.com
ANNIEL
www.annielshop.com

CORTÈGE

JACADI
www.jacadi.fr
BONPOINT
www.bonpoint.com/fr
LES PETITS INCASSABLES
www.lespetitsinclassables.com
CYRILLUS
www.cyrillus.fr
MONOPRIX
www.monoprix.fr

ALLIANCES ET BAGUES DE FIANÇAILLES

MYRTILLE BECK
myrtillebeck.com
PÉROUSE PARIS
www.perouse.paris
LEILA BUECHER
www.lsbuecher.com
PAULETTE À BICYCLETTE
paulette-a-bicyclette.com
GEMMYO
www.gemmyo.com
JEWELLERY ETHICALLY MINDED
jem-paris.com
FLORE & ZEPHYR
www.flore-et-zephyr.coM
OR DU MONDE
www.ordumonde.com
ZEINA ALLIANCES
www.zeina-alliances.com

LIEUX DE RÉCEPTION

MANOIR DES PRÉVANCHES (NORMANDIE)
www.manoirdesprevanches.com
LA DÎME DE GIVERNY (NORMANDIE)
www.ladimedegiverny.com
DOMAINE DE MALVOISIE (YVELINES)
www.mauvoisin.com
LES BONNES JOIES (YVELINES)
lesbonnesjoies.fr
DOMAINE DE SAINTE COLOMBE (GARD)
www.domaine-sainte-colombe.com
MAS DE SO (GARD)
lemasdeso.com
MAS DU JUGE (GARD)
www.masdujuge.com
LES DOMAINES DE PATRAS (PROVENCE)
www.lesdomainesdepatras.com
MAS DE LA ROSE (PROVENCE)
www.mas-rose.com
MAS DES COMTES DE PROVENCE (PROVENCE)
www.mas-provence.com
LE HAMEAU DES BAUX (PROVENCE)
www.hameaudesbaux.com
CHÂTEAU DE BARBIREY (BOURGOGNE)
www.chateaudebarbirey.com
CHÂTEAU DE FAJAC (TOULOUSE)
chateaudefajac.com
LE MORIMONT (ALSACE)
lemorimont.com
LES GÎTES DU BERGER (AUVERGNE)
www.auvergne-gite.net
DAR AL HOSSOUN (TARAUDANT)
alhossoun.com

POUR TROUVER VOTRE LIEU DE RÉCEPTION

1001 SALLES
www.1001salles.com
ABC SALLES
www.abcsalles.com

PHOTOGRAPHES

CHLOÉ LAPEYSSONNIE
www.chloelapeyssonnie.com
BAPTISTE HAUVILLE
www.baptistehauville.com
YORIS PHOTOGRAPHE
yorisphotographer.com/infos
THE QUIRKY
the-quirky.com
CAPYTURE
www.capyture.fr
PINEWOOD WEDDINGS
pinewoodweddings.com
FABIEN COURMONT
www.fabiencourmont.fr
LIFESTORIES WEDDING
lifestorieswedding.com
DAVID LATOUR
www.ldavidphoto.com
INGRID LEPAN
ingridlepan.com
CORALIE LESCIEUX
coralielescieux.com
FLAVIE NELLY
www.flavienelly.com
LES HISTOIRES D'A
leshistoiresda.com
CLÉMENT MI
clementminair.com/en
CORALIE MONNET
coraliemonnet.com
JULIEN NAVARRE
www.juliennavarre.com
MATTERHORN PHOTOGRAPHY
www.matterhornphotography.com
WILLY BROUSSE
www.willybrousse.com
MARINE MARQUES
marinemarques.com
JEREMY FERRERO
jeremyferrero.com
PHAN TIEN
www.phantien.fr
SÉBASTIEN BOUDOT
sebastienboudot.co
STEVEN BASSILIEAUX
stevenbassilieauxphoto.com
SOULPICS
www.soulpics.fr
BUBBLEROCK
wearebubblerock.com
AURÉLIEN BRETONNIÈRE
www.aurelienbretonniere.com
LAURENT BROUZET
www.laurentbrouzet.com
MADAME B PHOTOGRAPHIE
www.madame-b-photographie.com
REEGO PHOTOGRAPHIE
www.reego.fr
LORENZO ACCARDI
mariage.lorenzoaccardi.com
CHLOÉ FAYOLLAS
chloefayollas.com
SIGHT BY SIGHT
www.sightbysight.fr

VIDEASTES

THE QUIRKY
the-quirky.com
PASCAL DÉLÉ
pascaldelefilmaker.com
RECORD YOU
recordyou.fr
PINEWOOD WEDDINGS
pinewoodweddings.com

LIFESTORIES WEDDING
lifestorieswedding.com
LESS IS MORE
www.ldavidphoto.com/less-is-more
PIERRE ET JULIE
www.pierre-et-julie.com
BUBBLEROCK
wearebubblerock.com
SOULPICS
www.soulpics.fr

WEDDING PLANNER ET DESIGNERS

ATELIER BLANC
www.atlblanc.com
WANDERLUST WEDDING
www.wanderlustwedding.com
MC2 MON AMOUR
www.mc2monamour.com
ARTIS EVENEMENT
www.artisevenement.fr
BIG DAY
www.bigday.fr

FAIRE PART ET PAPETERIE

GRAPHIKKART
graphikkart.fr
MY DEAR PAPER
www.mydearpaper.com
MAX & JOE
www.maxetjoe.com
FANNY CALLIGRAPHIE
fannycalligraphie.com
CRÈME DE PAPIER
www.cremedepapier.fr
NICE PLUME
niceplume.com
RUBAN COLLECTIF
www.rubancollectif.fr
MISTER M STUDIO
mistermstudio.com/fr

BLANC SAUVAGE
www.blancsauvage.fr
ROSEMOOD
www.rosemood.fr

CHEFS ET TRAITEURS

PERSIL ET MIMOSA
www.instagram.com/persiletmimosa
L'ÉVEIL DES PAPILLES
eveil-des-papilles.com
TÉ TRAITEUR ÉTHIQUE
www.te-traiteur.paris
OCTAVIE AND THE FOODIES
octavieandthefoodies.com
ÉTHIQUE ET TOQUES
www.ethique-et-toques.com
GRAIN DE VIE
www.graindevie.fr

FOOD TRUCKS

SEASON FOOD TRUCK (BORDEAUX)
www.seasonsfoodtruck.fr
GASTON LE CAMION (AVIGNON)
www.gastonlecamion.fr
FOLLY BUNS (TOULOUSE)
www.follybuns.com
GO FREE STREET FOOD (BIDAR)
www.facebook.com/gofreestreetfood
BIG MARCEL (MANCHE/BASSE NORMANDIE)
bigmarcel.fr
GLACES MARTINEZ (NORD, PARIS, IDF, NORMANDIE, BELGIQUE, LUXEMBOURG)
www.marchand-de-glaces.com
MOOGY'S (STRASBOURG)
moogys-foodtruck.fr
TROP CHOU (LYON)
trop-chou.fr
LA COURSE (LYON)
lacoursecafe.fr

CURRY WURST (PARIS)
www.curry-wurst.fr
BILIG MOBILE (PARIS)
www.bilig.fr
LE RÉFECTOIRE (PARIS/IDF)
www.le-refectoire.com

POUR TROUVER VOTRE FOOD TRUCK

FOUS DE TRUCKS
www.fousdetrucks.com
TRACK THE TRUCK
tttruck.com

LOCATION DE MOBILIER ET DE VAISSELLE

OPTIONS
www.options.fr
BELOUNGE
www.belounge.fr
VAISSELLE VINTAGE
www.vaissellevintage.com
BLANCHE PATINE
www.blanchepatine.com
O BONHEUR DES DAMES
www.obonheurdesdames.com
BROCANTE DE LA BRUYÈRE
www.brocantedelabruyere.com
BIG DAY BAZAR
bigdaybazaar.tictail.com

COIFFEURS ET MAQUILLEURS

THE REPORTHAIR
thereporthair.fr
COMPTOIR DES CHARLOTTE'S
comptoirdescharlottes.com
KARINE BROSSARD
www.karinebrossard.com
VIRGINIE DEBOURG
virginiedebourg-makeupartist.fr
AMÉLIE GOUTTENOIRE
amelie-gouttenoire.com
LA CONCIERGERIE DANIEL CHAVEY
www.danielchavey.com
ALEXANDRA MANAI
www.alexandra-manai.com

FLEURISTES

MADAME ARTISAN FLEURISTE
www.madame-artisanfleuriste.com
LILY PALOMA
www.lilypaloma.fr
ATELIER PRAIRIE
www.atelierprairies.com
FLEURS DE FÉE
www.fleursdefee.com
JAUNE PIVOINE
jaune-pivoine.fr
MINUIT SAUVAGE
www.minuitsauvage.com
MAISON AUTEL
lamaisondautel.com
FLORÉSIE
www.floresie.fr
JULIE GUITTARD
julie-guittard-fleuriste.com
ATELIER AIMER
www.atelier-aimer.fr
JOSEPH FLEURISTE
www.josefafleuriste.com
WILD BLOSSOM
www.wild-blossom.com
FREYA JOY
www.freyajoygardenflowers.com
NUE PARIS
nue-paris.com
LAETITIA C
www.laetitiac.com
JOSÉPHINE FLEURISTE
josephine-fleuriste.com
POPPY FIGUE
poppyfigueflower.wordpress.com

DJ

DANCE POLICE
www.dancepolice.fr
L'ATELIER DES ÉMOTIONS
www.latelierdesemotions.fr
THE BLACK MACHINE
www.theblackmachine.fr

PHOTOBOOTH

WILD STORIES PHOTO BOOTH
www.wildstories.fr
SHARING BOX
www.sharingbox.com

BARTENDER

NIGHTHAWKS
www.nighthawks.paris

EVJF/EVJG

ÉPOUSE MOI COCOTTE
epousemoicocotte.com

VOYAGE DE NOCES

MON PLUS BEAU VOYAGE
www.monplusbeauvoyage.fr
VOYAGEURS DU MONDE
www.voyageursdumonde.fr
UN MONDE À DEUX
www.unmondeadeux.com

CADEAUX D'INVITÉS ET JOLIES ATTENTIONS

MERCI COCO
www.mercicoco.fr
COUSU
www.cousu-paris.com
PETIT MARIAGE ENTRE AMIS
www.petit-mariage-entre-amis.fr
BERNARD FOREVER
www. bernardforever.fr
TATTYOO
www.tattyoo.com
BAGART
www.bagart.fr

Merci à Chloé Lapeyssonnie qui m'a accompagnée pour le shooting de cet ouvrage, et à tous les photographes qui ont participé en me confiant leurs photos.
Nessa Buonomo

Création graphique et mise en pages : Claire Fauvain
Révision : Laetitia Lanzaro

61, bd Saint-Germain
75240 Paris Cedex 05
www.editions-eyrolles.com

ISBN : 978-2-212-67615-0

FSC
www.fsc.org
MIX
Paper from responsible sources
FSC® C112556

Imprimé en UE.
Dépôt légal : mai 2018

Cet ouvrage est imprimé sur du papier offset 120 g, papier issu de forêts gérées durablement.